HISTORIA ILUSTRADA USBORNE

EL MUNDO ANTIGUO

Fiona Chandler

Diseño: Susie McCaffrey

Asesoría histórica: Dra. Anne Millard

Ilustraciones: Simone Boni, Alessandro Rabatti, Lorenzo Pieri, Luigi Critone, Lucia Mattioli y Francesco Petracchi de Inklink Firenze, Ian Jackson, Nicholas Hewetson, Lorenzo Cecchi, David Cuzik y Justine Torode

Mapas: Jeremy Gower

Colaboraciones (ilustraciones): Susanna Addario, Peter Dennis, John Fox, Joseph McEwan, Malcolm McGregor, Louise Nixon, Simon Roulstone, Claudia Saraceni, Chris Shields, Sue Stitt, Ross Watton, Gerald Wood y David Wright.
Colaboraciones (diseño): Matthew Hart

Redacción: Jane Bingham

Investigación gráfica: Ruth King   Coordinación de material gráfico: Cathy Lowe
Dirección editorial: Jane Chisholm   Dirección de diseño: Mary Cartwright

Traducción: Pilar Dunster
Redacción en español: Noemí Rey y Jill Phythian

Índice de materias

¿Cuándo? ¿Dónde? ¿Cómo?

Este libro hace un recorrido a lo largo de 10.000 años de Historia, desde los tiempos remotos en que se empezó a practicar la agricultura hasta la caída del imperio romano.

Soldado romano

¿Cuándo?

La mayoría de los acontecimientos que se describen en este libro ocurrieron antes del nacimiento de Cristo, por eso aparecen las letras "a.C." (antes de Cristo) junto a las fechas. Por ejemplo, 50 a.C. quiere decir cincuenta años antes del nacimiento de Cristo. No olvides que los años se cuentan hacia atrás a partir del 1 a.C., es decir, el año 100 a.C. es anterior al 50 a.C. Para orientarte en el tiempo hay una línea cronológica al pie de todas las páginas.

Las letras "d.C." (después de Cristo) indican que la fecha es posterior al nacimiento de Cristo.

La letra "h." (hacia) delante de una fecha indica que los historiadores desconocen el año exacto.

¿Dónde?

Hay mapas que indican los lugares precisos donde ocurrieron acontecimientos de interés y en la esquina inferior de la página aparece el nombre de la zona del mundo a la que se refiere lo que estás leyendo. Bajo estas líneas, las zonas y los colores que ayudan a identificarlas.

¿Cómo?

La única manera de conocer las costumbres de los pueblos antiguos es a través del estudio de los restos materiales que dejaron. Los arqueólogos son los expertos que se dedican a hacer excavaciones y estudiar los hallazgos arqueológicos. Estos hallazgos se producen muy a menudo y revolucionan nuestros conocimientos del mundo antiguo.

Arqueólogos en una excavación

Antiguamente se solía enterrar a los muertos con sus pertenencias. Objetos de todo tipo: armas, herramientas, vasijas, e incluso restos de tela, son fuente de información sobre nuestros antepasados y su modo de vida.

Gargantilla celta

En tumbas y monumentos se suelen hallar estatuas, pinturas murales y mosaicos con escenas de la vida cotidiana.

Soldados durante una batalla, representados en un mosaico sumerio.

Se han hallado antiguas inscripciones en tablas de arcilla, paredes de edificios y rollos de papiro, que hablan de los reyes, las leyes y las creencias religiosas de otros tiempos.

EUROPA

ASIA

PRÓXIMO ORIENTE

LEJANO ORIENTE

ASIA MERIDIONAL

AMÉRICA

ÁFRICA

OCEANÍA

Una aldea agrícola

Para alimentarse, los hombres primitivos pescaban, cazaban animales salvajes y recogían plantas y frutos silvestres. Pasaron miles de años hasta que los hombres aprendieron a cultivar la tierra.

La práctica de la agricultura comenzó en el Próximo Oriente, en un lugar llamado "Creciente Fértil". En torno al año 10000 a.C. el clima de esta región se volvió más templado y húmedo, lo que favoreció el crecimiento de las plantas.

Un agricultor siega el trigo con una hoz.

Al observar que nacían plantas de las semillas caídas al azar sobre la tierra, el hombre comenzó a recolectarlas y a sembrar. Las primeras cosechas fueron de trigo y cebada silvestre.

Por esa misma época el hombre aprendió a domesticar animales que le proporcionaban carne, leche y lana y que también podían serle de ayuda en las labores del campo.

Cerámicas de los primeros agricultores

Las gentes dejaron de vagar en busca de comida cuando aprendieron a cultivar la tierra. Se asentaron en poblados y se dedicaron a aprender nuevas actividades artesanas: hilar, tejer y hacer cacharros.

En el dibujo, una aldea primitiva con vista del interior de una de las casas.

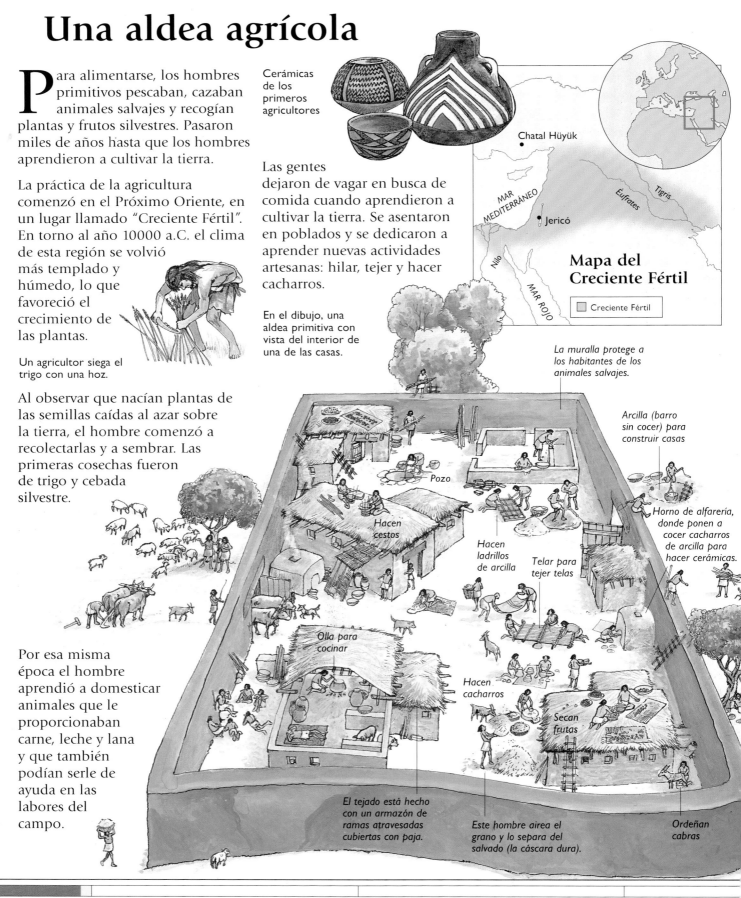

Chatal Hüyük

MAR MEDITERRÁNEO

Jericó

Éufrates

Tigris

Nilo

MAR ROJO

Mapa del Creciente Fértil

☐ Creciente Fértil

La muralla protege a los habitantes de los animales salvajes.

Arcilla (barro sin cocer) para construir casas

Horno de alfarería, donde ponen a cocer cacharros de arcilla para hacer cerámicas.

Pozo

Hacen cestos

Hacen ladrillos de arcilla

Telar para tejer telas

Olla para cocinar

Hacen cacharros

Secan frutas

El tejado está hecho con un armazón de ramas atravesadas cubiertas con paja.

Este hombre airea el grano y lo separa del salvado (la cáscara dura).

Ordeñan cabras

Las primeras ciudades

Poco a poco, las aldeas agrícolas crecieron hasta convertirse en ciudades. La ciudad más antigua que se ha descubierto estaba en Jericó.

Jericó

Los habitantes de Jericó vivían en casitas circulares, construidas con ladrillos de adobe.

Una casa de Jericó con vista del interior

Enterraban a los muertos debajo de las casas. Es posible que los descendientes exhibieran las calaveras como muestra de respeto.

Calavera hallada en Jericó

Dos conchas de cauri hacen de ojos

Huecos rellenos de yeso

Jericó se enriqueció con el comercio y los habitantes levantaron unas murallas colosales de piedra para defenderse de poblaciones vecinas que envidiaban su prosperidad.

Construcción de las murallas de Jericó

Chatal Hüyük

La mayor de las ciudades primitivas fue Chatal Hüyük. Llegó a tener cerca de 6.000 habitantes.

Vista parcial de Chatal Hüyük e interior de una de las casas

Crían ganado y cabras que dan carne y leche

En Chatal Hüyük era costumbre dejar el cuerpo de los muertos al aire libre para que se pudriera y enterrar el esqueleto bajo un banco de la casa o en el santuario donde la familia rendía culto a sus dioses.

Un santuario de Chatal Hüyük

Estatua policromada de una diosa

El sacerdote viste una piel de leopardo

Esculturas de cabezas de toro con cornamentas de dicho animal.

Las sacerdotisas hacen ofrendas de manjares y bebidas a la diosa.

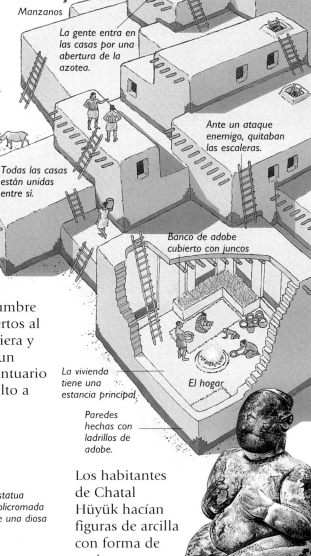

Manzanos

La gente entra en las casas por una abertura de la azotea.

Ante un ataque enemigo, quitaban las escaleras.

Todas las casas están unidas entre sí.

Banco de adobe cubierto con juncos

La vivienda tiene una estancia principal

El hogar

Paredes hechas con ladrillos de adobe.

Los habitantes de Chatal Hüyük hacían figuras de arcilla con forma de mujeres gruesas, que eran probablemente representaciones de la maternidad.

Figura de arcilla hallada en Chatal Hüyük

Fechas clave

h.10000 a.C.	Comienzo de la agricultura en el Creciente Fértil.
h 8000 a.C.	Crecimiento y prosperidad de Jericó.
h.6250-5650 a.C.	Chatal Hüyük alcanza su máxima población.

PRÓXIMO ORIENTE

La primera civilización

Mesopotamia
Ciudad-estado

Mapa de Sumer

ACAD
Éufrates
Tigris
SUMER
Uruk • • Lagash
• Ur
Eridu •
GOLFO PÉRSICO

El suelo de Sumer era bueno para la agricultura, porque a pesar de que escaseaba la lluvia, las tierras secas quedaban inundadas una vez al año con la crecida de los dos ríos. Los sumerios construyeron acequias y canales para almacenar el agua y llevarla a los campos de cultivo.

Campesinos arreglando un canal

A partir del 5000 a.C. los pueblos agricultores se asentaron en un extenso valle entre los ríos Tigris y Éufrates. Esta zona se llamaba Mesopotamia, palabra que significa "país entre dos ríos". La primera civilización floreció en la región de Sumer, situada en la baja Mesopotamia.

Pronto cosecharon más de lo que necesitaban para alimentarse y no hizo falta que toda la población se empleara en la agricultura. Algunos se dedicaron a labores especializadas y así surgieron los tejedores y los alfareros.

Los ladrillos de adobe se dejan secar al sol.

Estos sumerios fabrican ladrillos de adobe

Los ladrillos toman forma en moldes de madera

Los sumerios vivieron en chozas de caña hasta que aprendieron a hacer ladrillos de adobe (barro y paja) para construir casas.

Las aldeas agrícolas fueron crecieron hasta convertirse en enormes ciudades fortificadas, cada una con su templo y con un gobernante que también controlaba las tierras de cultivo cercanas. Las ciudades organizadas de este modo se llaman ciudades-estado.

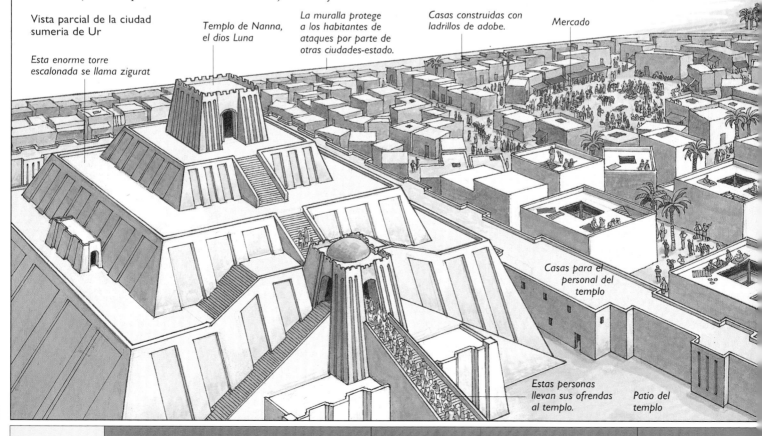

Vista parcial de la ciudad sumeria de Ur

Templo de Nanna, el dios Luna

La muralla protege a los habitantes de ataques por parte de otras ciudades-estado.

Casas construidas con ladrillos de adobe.

Mercado

Esta enorme torre escalonada se llama zigurat

Casas para el personal del templo

Estas personas llevan sus ofrendas al templo.

Patio del templo

10000 a.C.   5000 a.C.   4000 a.C.   3000 a.C.

La invención de la escritura

Los campesinos debían entregar parte de su cosecha al templo, donde había personal encargado de comprobar que pagaban lo que les correspondía. Es posible que la escritura se inventara para anotar esta información.

Los campesinos llevan sus cereales al templo

1. Al principio, hacían dibujos simples de lo que querían anotar. Estos dibujos se llaman pictogramas.

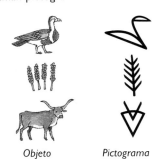

Objeto   Pictograma

2. Los dibujaban uno debajo del otro en una tabla de arcilla húmeda.

Cálamo de junco

Tabla de arcilla aplastada

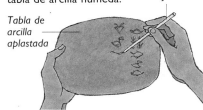

3. Con el tiempo, cambiaron la posición de la tabla de arcilla para escribir de lado a lado y no emborronar los dibujos ya hechos.

Dibujo vuelto de lado

4. Debido a la forma del cálamo, los dibujos se fueron convirtiendo en símbolos en forma de cuña que dieron lugar a la escritura cuneiforme, palabra que significa "en forma de cuña".

Escritura cuneiforme

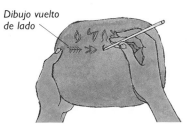

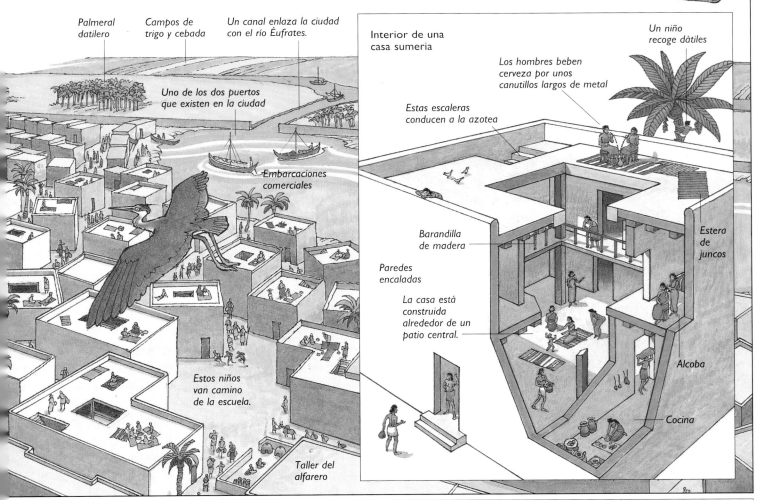

Palmeral datilero

Campos de trigo y cebada

Un canal enlaza la ciudad con el río Éufrates.

Uno de los dos puertos que existen en la ciudad

Embarcaciones comerciales

Estos niños van camino de la escuela.

Taller del alfarero

Interior de una casa sumeria

Un niño recoge dátiles

Los hombres beben cerveza por unos canutillos largos de metal

Estas escaleras conducen a la azotea

Barandilla de madera

Paredes encaladas

La casa está construida alrededor de un patio central.

Estera de juncos

Alcoba

Cocina

2000 a.C.   1000 a.C.   500 a.C.   I d.C.   500 d.C.

La artesanía y el comercio

En Sumer no había piedra, metales o madera resistente. Los sumerios tenían que traer estos materiales de otras tierras y a cambio vender cereales, lana y las cerámicas y objetos de metal que hacían en sus talleres de artesanía.

Los sumerios navegaron por ríos y canales hasta alcanzar el golfo Pérsico y lugares aún más distantes. Comerciaban con mercaderes de las costas mediterráneas al noroeste y del valle del Indo al sureste.

En este mercado sumerio los comerciantes intercambian productos y mercancías.

La metalurgia

Los artesanos sumerios trabajaron los metales con gran habilidad, creando bellos objetos de oro, plata y cobre.

Puñal de oro con funda

Transportan piedra por el río en balsas de madera.

Madera de las montañas del norte

Esta embarcación regresa del golfo Pérsico cargada de mercancías

Tinajas de vino

Vendedor de verduras

Este mercader ha traído cargamentos de oro, cobre, marfil y piedras semipreciosas.

El escriba se encarga de hacer una lista de las mercancías descargadas

Cesto con cereales

Tinaja de aceite

La alfarería y la rueda

En Sumer abundaba la arcilla para hacer objetos de cerámica. Se les daba forma a mano hasta que alrededor del año 3500 a.C., una vez inventada la rueda, se empleó para torno de alfarero.

Los cacharros se endurecen en el horno de alfarería

Piezas de tela

Este mercader viene de Siria

Alfareros trabajando

Dan forma a los cacharros en el torno.

Los muchachos pisan la arcilla para mezclarla bien

Estos mercaderes parten en una expedición comercial.

Vendedor de pescado

Piedra tallada

Los sumerios depositaban en los templos figurillas de piedra en actitud devota, para que rezaran por ellos a los dioses.

Figurilla de un funcionario del templo tallada en piedra

Descubrieron que podían utilizar la rueda para desplazarse en los carros de guerra y en las carretas y que un burro podía tirar de un carro con una carga tres veces superior a la que hubiera llevado a cuestas.

Rueda de un carro de guerra sumerio

| 10000 a.C. | 5000 a.C. | 4000 a.C. | 3000 a.C. |

Reyes y guerras

Cada ciudad sumeria estaba gobernada por un grupo de nobles. En tiempos de guerra los nobles elegían un caudillo para que gobernara hasta que se restableciera la paz. Las guerras se hicieron más frecuentes y los caudillos gobernaron periodos muy largos, hasta convertirse en monarcas que, al morir, pasaban el poder a sus descendientes.

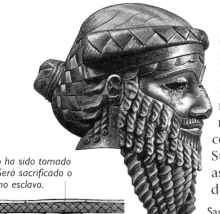

Sargón de Acad

Sargón fue un gran soldado nacido en Acad, territorio situado al norte de Sumer. Al mando de un ejército muy numeroso llegó a conquistar la totalidad de Sumer y Acad, fundando así el primer imperio del mundo.

Sargón de Acad

El imperio acadio duró cerca de 200 años y fue destruido por la tribu de los guti.

Guerreros guti

Mosaico en el que se representa a soldados sumerios en una batalla.

Soldado sumerio con capa y casco.

Un enemigo ha sido tomado prisionero. Será sacrificado o vendido como esclavo.

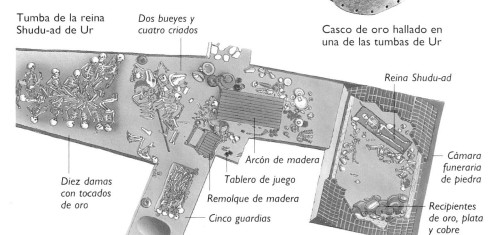

Carro de guerra

Burros

Un soldado a punto de arrojar su lanza.

Este soldado guía el carro de guerra.

Cadáver de un soldado enemigo

El fin de Sumer

El rey de Ur reconquistó el territorio sumerio y durante un tiempo gobernó Sumer y Acad. Alrededor del 2000 a.C. Sumer fue invadido por la tribu de los amoritas y la región se dividió en pequeños estados que más tarde pasaron a formar parte del imperio babilónico (ver página 28).

Tumbas reales

Los antiguos reyes y reinas de Ur se hacían enterrar en grandes fosas con riquísimos tesoros funerarios. Las tumbas también contenían los cuerpos de numerosos guardias y sirvientes que se envenenaban para morir con sus soberanos.

Los soldados recogían aquí sus largos cabellos.

Casco de oro hallado en una de las tumbas de Ur

Tumba de la reina Shudu-ad de Ur

Dos bueyes y cuatro criados

Reina Shudu-ad

Cámara funeraria de piedra

Diez damas con tocados de oro

Arcón de madera

Tablero de juego

Remolque de madera

Cinco guardias

Recipientes de oro, plata y cobre

Fechas clave

h.3000 a.C.	Asentamiento en Sumer de pueblos agrícolas.
h.3500 a.C.	Invención de la rueda. Construcción de las primeras ciudades.
h.3300 a.C.	Invención de la escritura pictográfica.
h.3100 a.C.	Uso de la escritura cuneiforme.
h.2500 a.C.	Construcción de las tumbas reales en Ur.
h.2350-2150 a.C.	Sumer pasa a formar parte del imperio acadio.
h.2100 a.C.	El rey de Ur gobierna Sumer y Acad. Construcción del zigurat de Ur.
h.2000 a.C.	Invasión amorita.

PRÓXIMO ORIENTE

2000 a.C.	1000 a.C.	500 a.C.	1 d.C.	500 d.C.

Los campesinos del Valle del Nilo

Mapa de Egipto

MAR MEDITERRÁNEO

Delta del Nilo

BAJO EGIPTO

Gizeh
• Menfis

Desierto occidental

Nilo

MAR ROJO

Desierto oriental

ALTO EGIPTO

Valle de los Reyes • Tebas

☐ Valle del Nilo

······ Frontera entre el Bajo y el Alto Egipto

El antiguo Egipto ocupaba una estrecha franja de terreno a lo largo del Valle del Nilo y se hallaba rodeado a ambos lados por extensos desiertos.

A orillas del Nilo surgieron aldeas porque había buenas tierras de cultivo. En primavera el Nilo recibía las aguas del deshielo de las montañas del bajo Egipto y en julio tenía lugar la crecida, que inundaba las riberas del río. Pasados varios meses las aguas se retiraban y dejaban un limo muy fértil.

Con el tiempo, las aldeas agrícolas del Valle del Nilo se agruparon en comunidades más grandes que, hacia el año 3100 a.C. dieron lugar a dos reinos: el Bajo Egipto y el Alto Egipto.

Ambos reinos estuvieron en guerra hasta que el rey Menes del Alto Egipto salió victorioso. Menes unificó el Alto y el Bajo Egipto y mandó construir la capital del nuevo reino en Menfis.

En este relieve se representa la victoria del rey Menes sobre el Bajo Egipto.

Una casa destruida por la crecida del río.

Las mejores tierras son las de la orilla.

Para sacar agua y regar emplean el shaduf, un balde colgado de una vara.

Barcas de pesca

Este hombre siega el trigo con una hoz.

Empleaban burros para transportar el cereal.

El agua de la crecida llega a los sembrados por acequias y canales.

Los niños recogen el grano que queda por el suelo.

ÁFRICA

10000 a.C.   5000 a.C.   4000 a.C.   3000 a.C.

Cosechas

Los egipcios cultivaban guisantes, cebollas, ajos, puerros, pepinos, uvas, melones, granadas, higos y dátiles. Hacían vino de uva y de granada.

El vino se hacía pisando las uvas para extraer el jugo.

Las cosechas principales eran las de trigo y cebada, que servían para hacer pan y cerveza. Se solía añadir miel, o ajo, al pan para hacerlo más sabroso.

Animales

Los egipcios criaban vacas, ovejas, cabras, cerdos, patos, gansos y palomas. El ganado se destinaba a los trabajos agrícolas y a la obtención de carne. Como los pastos eran escasos, las vacas solían vivir en establos.

Maqueta de un establo con vacas, realizada en madera.

El calendario agrícola

La tierra no se podía trabajar durante la crecida del río. Los campesinos esperaban a que bajaran las aguas en noviembre para preparar los campos y sembrar. En primavera toda la familia ayudaba con la cosecha. Después había que reparar las acequias que llevaban el agua a los campos y dejarlas listas para la crecida del año siguiente.

En esta pintura hallada en una tumba, un campesino labra la tierra. Su mujer va sembrando la semilla.

En esta ilustración, los campesinos egipcios recogen las cosechas.

Un mono amaestrado para recoger dátiles.

Los bueyes pisotean el grano para separarlo de la paja. Esta faena se llama trillar.

Estas mujeres avientan el grano: lo lanzan al aire para separarlo del salvado (la cáscara dura).

Granero para almacenar provisiones

ÁFRICA

2000 a.C.   1000 a.C.   500 a.C.   I d.C.   500 d.C.

Momias y pirámides

Tradicionalmente, la historia del antiguo Egipto se suele dividir en tres periodos principales: el Imperio Antiguo, el Imperio Medio y el Imperio Nuevo. Las costumbres descritas en estas páginas abarcan los tres periodos.

Momias

Los egipcios intentaban evitar la corrupción de los cadáveres porque pensaban que los muertos vivían en el Más Allá después de morir. Los cadáveres embalsamados son las momias.

Preparación de la momia

Vasos canopos

1. Primero se extraían el cerebro y los órganos internos, que se guardaban en vasos canopos.

Natrón

2. Para secar el cadáver, lo cubrían con una sal llamada natrón. Después lo rellenaban con lienzos, natrón, serrín y especias aromáticas.

3. A continuación, envolvían la momia con vendas y entre ellas colocaban amuletos de la suerte.

Máscara de Anubis

4 Por último, cubrían la cara de la momia con una máscara y un sacerdote vestido de Anubis, dios de los muertos, rezaba ante el cadáver.

Sarcófagos

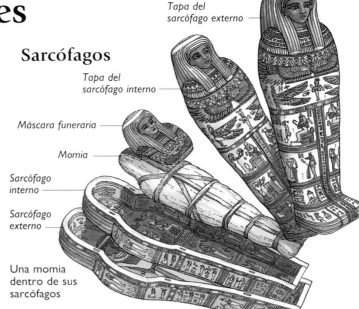

Tapa del sarcófago externo

Tapa del sarcófago interno

Máscara funeraria

Momia

Sarcófago interno

Sarcófago externo

Una momia dentro de sus sarcófagos

Los primeros ataúdes fueron simples cajas de madera. Durante el Imperio Nuevo se utilizaron dos o tres ataúdes con forma humana llamados sarcófagos, que encajaban uno dentro del otro y solían estar decorados con vivos colores.

Tesoros funerarios

La tumba de un egipcio rico contenía todo lo que el difunto pudiera necesitar en el Más Allá. Los reyes eran enterrados con magníficos tesoros pero los ladrones no tardaron en saquear las tumbas.

Máscara funeraria de oro del rey-niño Tutankhamón.

Las pirámides

Durante los imperios Antiguo y Medio, los egipcios construyeron unas pirámides colosales que servían de tumba a sus reyes (los faraones). Hay más de treinta pirámides en Egipto y las más famosas se encuentran en Gizeh, donde fueron enterrados tres faraones y sus esposas.

El faraón Kefrén será enterrado en esta pirámide.

Este es el templo mortuorio. Todos los días un sacerdote deja comida y bebida para el espíritu del faraón.

Las caras de la pirámide son lisas para que parezcan rayos de sol.

Esta es la Gran Pirámide de Gizeh donde está enterrado el faraón Keops, padre de Kefrén.

En el dibujo aparecen las dos pirámides más grandes de Gizeh tras la muerte del faraón Kefrén.

Estas tumbas, llamadas mastabas, son para los nobles importantes.

La esfinge de Gizeh es una enorme escultura que protege las pirámides. Tiene cabeza humana y cuerpo de león.

Las pirámides pequeñas son para la reina y las otras esposas del faraón.

La Gran Pirámide de Gizeh

La Gran Pirámide de Gizeh es el monumento de piedra más grande que existe. Tiene 147m de altura y está construida con más de dos millones de bloque de piedra.

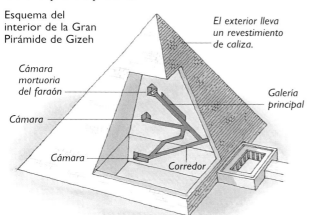

Esquema del interior de la Gran Pirámide de Gizeh

El exterior lleva un revestimiento de caliza.

Cámara mortuoria del faraón

Galería principal

Cámara

Cámara

Corredor

Un pasadizo comunica el templo del valle con el templo mortuorio.

En el templo del valle los sacerdotes prepararán la momia del faraón para el entierro.

Una barca funeraria trae el cadáver de Kefrén desde el palacio de Menfis.

Tumbas posteriores

Durante el Imperio Nuevo las tumbas de los faraones fueron excavadas a gran profundidad en las rocas de un lugar secreto: el Valle de los Reyes. Aunque era muy difícil localizarlas, todas fueron saqueadas menos la de Tutankhamón.

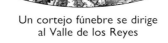

Un cortejo fúnebre se dirige al Valle de los Reyes

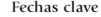

Fechas clave

h.5000 a.C.	Comienza la agricultura en el Valle del Nilo.
h.3100 a.C.	El rey Menes unifica el Alto y Bajo Egipto.
h.2686 a.C.	Comienza el Imperio Antiguo.
h.2180 a.C.	El hambre y la guerra civil ponen fin al Imperio Antiguo.
h.2040 a.C.	Reunificación de Egipto. Comienza el Imperio Medio.
h.1720 a.C.	Egipto es invadido por los hicsos. Fin del Imperio Medio.

ÁFRICA

2000 a.C.	1000 a.C.	500 a.C.	I d.C.	500 d.C.

Las ciudades del valle del Indo

Las tierras del valle del Indo eran buenas para la agricultura. El río crecía todos los años, igual que los ríos de Sumer y Egipto, y los campesinos producían abundantes cosechas.

Muy pronto la agricultura dejó de ocupar a toda la población. Nacieron las ciudades y la gente se dedicó a nuevas actividades artesanales y comerciales.

Alrededor del 2500 a.C., el valle del Indo contaba con más de cien aldeas y ciudades. Mohenjo-Daro y Harappa fueron las más importantes.

Mapa del valle del Indo

Harappa

Indo

Mohenjo-Daro

Lothal

INDIA

MAR ARÁBIGO

Área habitada por los pueblos del Indo

Los Baños

Los Baños de Mohenjo-Daro

Dentro de la fortaleza había una gran casa de baños. Es muy posible que los sacerdotes, o los gobernantes de la ciudad, se purificaran en las aguas antes de las ceremonias religiosas.

Estatua de un sacerdote o un gobernante del valle del Indo.

Mohenjo-Daro

La construcción de Mohenjo-Daro y otras ciudades del valle del Indo fue planificada con gran cuidado. En el centro había una fortaleza amurallada, construída sobre un cerro artificial. La parte baja de la ciudad estaba cercada por otra muralla.

Calle típica de Mohenjo-Daro. El corte permite ver el interior de una de las casas.

Las casas son de ladrillos de adobe.

La casa está construida en torno a un patio interior.

En verano la gente duerme en la azotea.

Dormitorio

Pozo

Cocina

El aseo está conectado al alcantarillado que pasa por debajo de la calle.

Se usan bueyes para tirar de las carretas.

Las calles son completamente rectas.

Estos hombres limpian la alcantarilla.

El Granero

Los campesinos de Mohenjo-Daro entregaban una parte de sus cosechas a los administradores de la ciudad. Las aportaciones se almacenaban en un granero enorme situado en la fortaleza y se usaban en años de escasez.

Aquí arriba se guarda el grano

Plataforma para cargar las gavillas

Este campesino trae trigo y cebada.

El Granero de Mohenjo-Daro

La fortaleza amurallada alberga los edificios más importantes de la ciudad.

Esta mujer compra tela de algodón para un vestido.

Vendedor de cuentas y collares

Artesanía

Los alfareros hacían ollas, recipientes, vasijas e incluso juguetes para niños.

Vasija del valle del Indo

La cabeza se mueve al tirar de esta cuerda.

Cerdito de juguete

Buey de juguete

Las cuentas para collares y brazaletes eran de oro, terracota y piedras finas.

Collar de cuentas

Los campesinos del valle del Indo fueron los primeros que cultivaron y tejieron el algodón.

Recogida del algodón

Los canteros hacían sellos de piedra decorados con palabras y dibujos de animales. Es muy posible que los mercaderes tuvieran sellos personales para estampar su nombre en tablas de arcilla.

Sello de piedra decorado con un toro.

La escritura del valle del Indo aún no ha sido descifrada.

Comercio

Sabemos que los pueblos del Indo comerciaban con Sumer porque allí se han hallado sus cerámicas y cuentas de collar. También vendían madera, algodón y especias.

Una nave comercial zarpa del puerto de Lothal.

El fin de la civilización

A partir del 1800 a.C. la civilización del valle del Indo comenzó a desaparecer por causas que se desconocen.

Es posible que los habitantes agotaran las tierras al sembrar demasiadas cosechas y talar demasiados árboles. Puede que hubiera guerras entre las ciudades o que sobreviniera una inundación o alguna otra catástrofe.

Al final, la región fue invadida por otro pueblo, los arios, que impusieron su modo de vida (ver página 70).

Fechas clave

h.3500 a.C.	Asentamientos campesinos en el valle del Indo.
h.2500-1800 a.C.	La civilización del valle del Indo alcanza su mayor esplendor.
h.1500 a.C.	Invasión de los arios.

ASIA MERIDIONAL

2000 a.C.　　　　　　　500 a.C.　　　　I d.C.　　　　500 d.C.

15

Los primeros europeos

Venado

Hace miles de años reinó un clima muy frío en Europa y las tierras del norte estaban completamente cubiertas de hielo. A medida que el clima fue mejorando los árboles y las plantas volvieron a crecer y los animales poblaron los bosques.

Jabalí

Los hombres dependían de la caza y de las plantas silvestres para subsistir. Eran nómadas que acampaban donde encontraban alimento y volvían a desplazarse cuando se agotaba con el cambio de estación.

Los primeros europeos

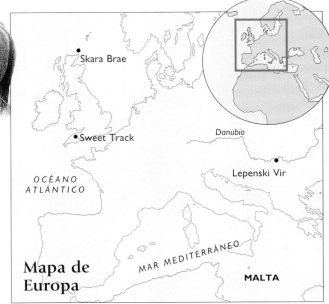

Skara Brae

Sweet Track

OCÉANO ATLÁNTICO

Danubio

Lepenski Vir

MAR MEDITERRÁNEO

MALTA

Mapa de Europa

Las gentes se asentaron en los lugares donde abundaba el alimento todo el año. En Lepenski Vir, a orillas del Danubio, creció un poblado de pescadores porque siempre había pesca.

Cabeza de pez procedente de Lepenski Vir

Los agricultores de los bosques

La práctica de la agricultura se extendió desde el Próximo Oriente alrededor del 6000 a.C y la vida empezó a cambiar. En aquellos tiempos gran parte de Europa se hallaba cubierta de bosques espesos. Los campesinos talaban los árboles para cultivar la tierra y usaban la madera para construir sus casas.

Un pueblo agrícola europeo primitivo. El corte muestra el interior de una de las casas.

Aquí cultivan las hortalizas.

Este hombre está haciendo un tejado de cañas y paja.

Hoyo para echar la basura

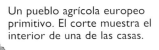
Los cerdos se alimentan de bellotas en el bosque.

Los muchachos recogen avellanas.

Los hombres construyen un cercado de sauce.

Las mujeres hacen vasijas decoradas.

Usan hachas de piedra para cortar la madera.

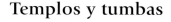

Refugios de piedra

Interior de una casa de Skara Brae

Los primeros europeos construyeron sus viviendas con los materiales que tenían más a mano. En Skara Brae (Islas Órcadas) había pocos árboles. Las casas, e incluso los muebles, eran de piedra.

Ideas ingeniosas

Los antiguos europeos construyeron corredores de madera en las zonas pantanosas para poder desplazarse con facilidad de un poblado a otro. El Sweet Track, en el sudoeste de Inglaterra, tenía casi 2 km de longitud.

Campesinos en el Sweet Track

Templos y tumbas

Templos de piedra en Tarxien

Algunos pueblos agrícolas trabajaron colectivamente para construir monumentos con enormes bloques de piedra. En Tarxien (Malta) edificaron templos para ofrecer sacrificios de animales a una diosa-madre.

En Europa occidental se construyeron tumbas de piedra cubiertas por montículos artificiales de tierra. Las tumbas tenían varias cámaras y capacidad para 40 cadáveres.

Interior de una tumba de piedra

Pastos para el ganado

Campos de trigo y cebada

La gente vive en casas rectangulares de hasta 45m de longitud.

Redil para las ovejas

El cerdo se asa en el asador

Un incendio en el tejado

Zona habitable

Parte de la pared está cubierta de adobe.

Las paredes son de troncos partidos a lo largo.

Los animales viven en un extremo de la casa.

Fechas clave

h.6000-5000 a.C.	Pueblo de pescadores en Lepenski Vir.
h.6000-4000 a.C.	La agricultura se extiende por casi toda Europa.
h.4500 a.C.	Construcción de las primeras tumbas de piedra.
h.3800 a.C.	Construcción del camino Sweet Track.
h.3500 a.C.	Construcción del primer templo en Tarxien.
h.3100 a.C.	Construcción de Skara Brae.

EUROPA

Monumentos megalíticos

Círculo de piedras
de Avebury en el sur
de Inglaterra

Hacia el 3200 a.C. los habitantes del noroeste de Europa comenzaron a construir monumentos con piedras colosales colocadas en círculos y en hileras. Sabemos que también se levantaron monumentos con troncos enormes, desaparecidos casi por completo al pudrirse la madera.

En estos lugares se celebraban ceremonias religiosas y es posible que algunas de las construcciones sirvieran para medir el tiempo.

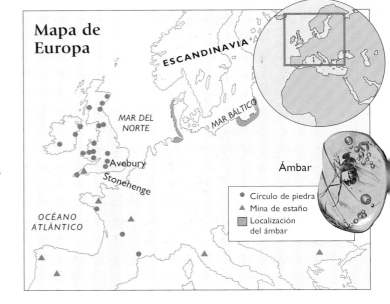

Mapa de Europa

ESCANDINAVIA

MAR DEL NORTE

MAR BÁLTICO

Avebury

Stonehenge

OCÉANO ATLÁNTICO

Ámbar

- Círculo de piedra
- ▲ Mina de estaño
- Localización del ámbar

La construcción de Stonehenge

El círculo megalítico más espectacular es el de Stonehenge, en el sur de Inglaterra. Fue construido en etapas durante más de un milenio y se completó alrededor del 1500 a.C.

En el dibujo se representa la construcción de Stonehenge.

El arco se llama trilito, palabra griega que significa tres piedras.

La piedra que está colocada encima de las otras se llama dintel.

Las piedras encajan perfectamente.

Las piedras verticales se llaman ortostatos.

El peso de algunas piedras equivale al de 370 personas.

Usan troncos para soportar el peso de la piedra.

Hoyo profundo

Estos hombres tiran de la piedra para colocarla en su sitio.

Se llevan la tierra en cestos.

EUROPA

| 10000 a.C. | 5000 a.C. | | 4000 a.C. | 3000 a.C. |

La conquista de los metales

Un Sol de oro y bronce sobre un carro tirado por un caballo.

Algunos pueblos europeos ya utilizaban el cobre hace más de seis mil años. Más adelante, al mezclar cobre y estaño, se descubrió el bronce. Las herramientas y armas de bronce eran más resistentes y valiosas.

El comercio del estaño

El estaño para hacer bronce existía en pocos lugares de Europa (ver mapa) y la mayoría de los pueblos lo obtenían comerciando. Los escandinavos intercambiaban el ámbar de las costas del mar Báltico por los metales que necesitaban.

Figura de bronce procedente de Escandinavia

Tumbas y tesoros

Los constructores de estos monumentos creían en la vida después de la muerte y enterraban a sus muertos con las armas y herramientas que necesitarían en el Más Allá. En las tumbas de los ricos se han hallado espadas, puñales de bronce y hermosos objetos de oro.

Tazón de oro

Este tipo de tumba se llama túmulo

Las personas importantes eran enterradas en túmulos, unas tumbas circulares de piedra cubiertas por un gran montículo artificial de tierra. Contenían un sólo cadáver y suelen encontrarse cerca de los círculos de piedra.

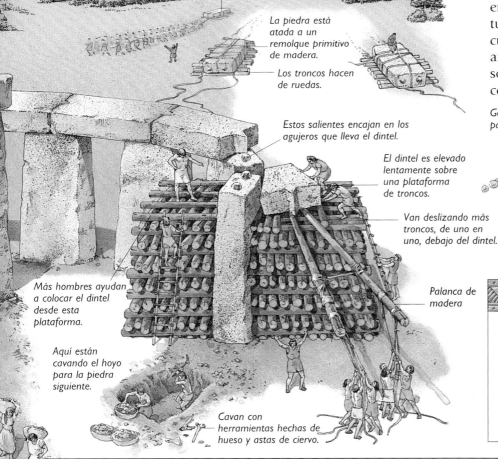

Las piedras son arrastradas desde la cantera, a 32 km de distancia.

La piedra está atada a un remolque primitivo de madera.

Los troncos hacen de ruedas.

Estos salientes encajan en los agujeros que lleva el dintel.

El dintel es elevado lentamente sobre una plataforma de troncos.

Van deslizando más troncos, de uno en uno, debajo del dintel.

Más hombres ayudan a colocar el dintel desde esta plataforma.

Aquí están cavando el hoyo para la piedra siguiente.

Cavan con herramientas hechas de hueso y astas de ciervo.

Palanca de madera

Golpean los dinteles con rocas para hacer los agujeros.

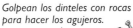

Fechas clave

h.3200 a.C. Comienza la construcción de monumentos megalíticos en el noroeste de Europa.

h.3000-1500 a.C. Construcción de Stonehenge.

h.2500 a.C. Descubrimiento del bronce en Europa.

EUROPA

2000 a.C.   1000 a.C.   500 a.C.   I d.C.   500 d.C.

Pintura mural de una mujer minoica

Palacios y leyendas

Los minoicos vivieron en Creta, una isla del mar Mediterráneo. Con sus costumbres fueron creando poco a poco la primera gran civilización europea. Tomaron su nombre del rey Minos quien, según la leyenda, había sido soberano de la isla.

La leyenda del rey Minos

Una leyenda griega cuenta que el dios Zeus se enamoró de una bella princesa llamada Europa. Zeus se transformó en toro y con Europa sobre su lomo, llegó nadando a Creta. El rey Minos de Creta fue uno de los hijos de Europa.

Europa y Zeus representados en un vaso griego.

Palacio

GRECIA

Thera

MAR MEDITERRÁNEO

Cnossos Mallia

Festos **CRETA** Zakro

Mapa de Creta

El palacio real de Cnosos

Las principales ciudades de Creta fueron construidas en torno a magníficos palacios. El más grande fue Cnossos, con más de mil estancias comunicadas por galerías, escalinatas y patios.

Los campesinos llevan cereal a los almacenes del palacio.

Los almacenes están a nivel del suelo.

Hay tragaluces para que pase la luz.

Salón del trono

Los tejados son de madera.

En el patio central se celebran las ceremonias religiosas.

Las paredes son de caliza.

El baño de la reina

Los pilares de madera sostienen el techo.

Reconstrucción del palacio de Cnosos. Hay cortes en algunos edificios para que se vea el interior.

10000 a.C.	5000 a.C.		4000 a.C.		3000 a.C.

Los almacenes

Los campesinos debían entregar parte de sus productos a los almacenes del palacio. Lo que no se gastaba en alimentar a los funcionarios y artesanos de la corte, se utilizaba para comerciar con países extranjeros.

Los cereales, el aceite y el vino se guardaban en enormes tinajas de barro cocido.

Frescos

Las paredes del palacio estaban decoradas con pinturas de vivos colores, llamadas frescos, que se pintan sobre una capa húmeda de yeso. Los frescos minoicos representan animadas escenas de la vida de palacio, así como plantas y animales.

Fresco con un grupo de delfines

El salón del trono

Las ceremonias que oficiaba el rey se celebraban en el salón del trono. El trono de piedra de Cnosos es el más antiguo de Europa que aún permanece en su lugar de origen. En las paredes hay frescos con plantas y animales míticos, llamados grifos.

Salón del trono del palacio real de Cnosos

La leyenda del Minotauro

Según la leyenda, el Minotauro fue un monstruo mitad toro y mitad hombre que habitaba un extenso laberinto bajo el palacio de Cnosos. Teseo, un joven príncipe griego, se ofreció a matarlo y para ayudarle, la hija del rey Minos le hizo entrega de una espada mágica y de un ovillo. Teseo se adentró en el laberinto devanando el ovillo para dejar un rastro y después de haber matado al monstruo con la espada logró salir del laberinto siguiendo el hilo.

Teseo se dispone a matar al Minotauro.

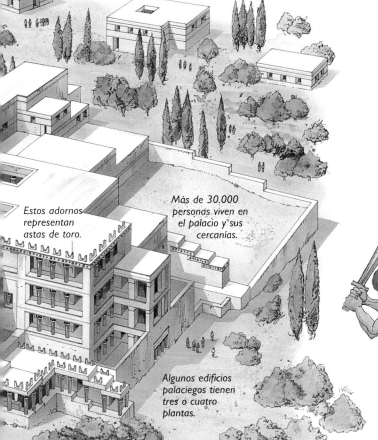

Estos adornos representan astas de toro.

Más de 30.000 personas viven en el palacio y sus cercanías.

Algunos edificios palaciegos tienen tres o cuatro plantas.

EUROPA

2000 a.C.   1000 a.C.   1 d.C.   500 d.C.

21

La vida en Creta

En Creta la mayoría de la gente vivía de la agricultura y la ganadería. Cultivaban trigo, cebada, hortalizas, ciruelas, uvas y aceitunas, y criaban vacas, ovejas, cabras y cerdos. Comían mucho pescado procedente de los mares que bañaban la isla.

Fresco de un pescador con su captura de caballa

Los viajes y el comercio

Los minoicos eran excelentes marinos. Construyeron una gran flota que navegaba por todo el Mediterráneo oriental practicando el comercio. Los mercaderes minoicos vendían cerámica, cereales, vino y aceite de oliva y compraban oro, plata, joyas, marfil y tejidos. Se hicieron muy ricos gracias al comercio.

Cerámicas minoicas

La escritura

Cuando los minoicos empezaron a almacenar mercancías y a comerciar con otros pueblos utilizaron pictogramas (escritura de dibujos) para llevar las cuentas. Más tarde inventaron otro tipo de escritura que los expertos llaman Lineal A y que todavía no ha sido descifrada.

Tablilla de piedra con escritura Lineal A.

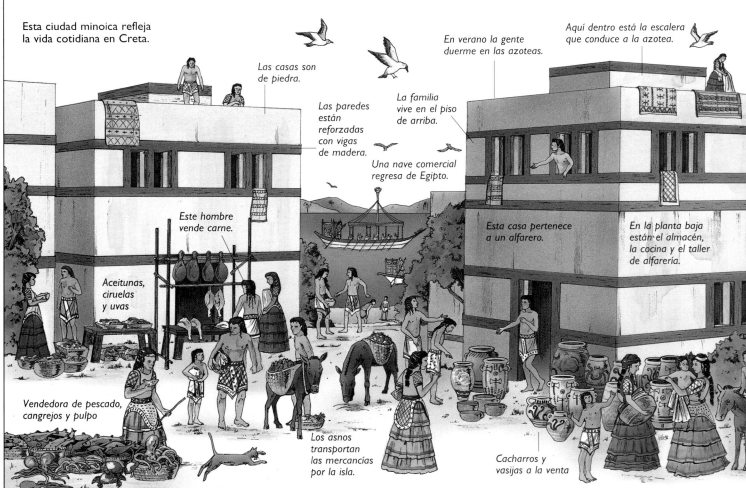

Esta ciudad minoica refleja la vida cotidiana en Creta.

Las casas son de piedra.

Las paredes están reforzadas con vigas de madera.

Una nave comercial regresa de Egipto.

En verano la gente duerme en las azoteas.

La familia vive en el piso de arriba.

Aquí dentro está la escalera que conduce a la azotea.

Este hombre vende carne.

Aceitunas, ciruelas y uvas

Esta casa pertenece a un alfarero.

En la planta baja están el almacén, la cocina y el taller de alfarería.

Vendedora de pescado, cangrejos y pulpo

Los asnos transportan las mercancías por la isla.

Cacharros y vasijas a la venta

10000 a.C.   5000 a.C.   4000 a.C.   3000 a.C.

Saltar el toro

Los minoicos eran aficionados a un deporte peligroso ejecutado por acróbatas profesionales, que agarraban a un toro por los cuernos y daban una vuelta de campana sobre su lomo. El toro era el animal sagrado del dios del mar y es posible que saltar el toro formara parte de una ceremonia religiosa.

Fresco que representa a un grupo de acróbatas saltando el toro.

Religión

Los minoicos no construyeron grandes templos. El culto y las ofrendas a los dioses se hacían en lugares especiales dentro de los palacios o en pequeños santuarios al aire libre.

Las cenizas de un volcán de la isla de Thira sepultan Creta.

Los edificios se derrumban y la gente trata de escapar.

Un terremoto destruye el palacio.

El fin de los minoicos

Alrededor del 1450 a.C. una catástrofe causó graves daños en los palacios de Creta. No se sabe a ciencia cierta lo que ocurrió, pero en la misma época entró en erupción un volcán en la vecina isla de Thira. La erupción pudo haber ocasionado un terremoto o un maremoto que destruyó las ciudades minoicas. La ceniza del volcán también habría arruinado sus campos de cultivo.

Es posible que una catástrofe tal como la que representa el dibujo diera fin a la civilización minoica.

Sobre las mismas fechas, Creta fue invadida por los micénicos procedentes de Grecia (ver páginas 24-27). Los minoicos no lograron recuperarse y su civilización fue desapareciendo.

Santuario

Estas sacerdotisas se encaminan al santuario.

Estatuilla de una diosa

El hacha doble es un símbolo religioso.

Músicos

Un ternero para el sacrificio

Las sacerdotisas llevan ofrendas de vino y aceite.

Fechas clave

h.6000 a.C.	Asentamientos de agricultores en Creta.
h.2500 a.C.	Desarrollo de las ciudades.
h.1900 a.C.	Construcción de los primeros palacios. Uso del pictograma.
h.1700 a.C.	Un terremoto destruye los palacios.
h.1700-1450 a.C.	Reconstrucción de los palacios. Creta alcanza máximo poder.
h.1650 a.C.	Uso de la escritura Lineal A
h.1450 a.C.	Destrucción de los palacios. Invasión micénica. La civilizacion minoica desaparece gradualmente.

Palacios y tumbas

Mapa del mundo micénico

GRECIA
• Troya
MAR EGEO
• Atenas
• Micenas
Pylos
• Esparta
MAR MEDITERRÁNEO
• Cnosos
CRETA

Hacia el 1600 a.C. la antigua Grecia estaba dividida en pequeños reinos, cada uno formado por una ciudad amurallada y el territorio situado a su alrededor. A los pobladores de la Grecia de aquellos tiempos se les llama micénicos porque Micenas era el reino más importante de todos.

Los reyes de Micenas vivían en palacios magníficos donde tenían sus aposentos privados y donde también había dependencias administrativas, talleres y almacenes. El salón principal del palacio era el megarón.

Una fiesta en el megarón de un palacio de Micenas.

Dama de Micenas representada en un fresco.

La ciudad de Micenas

Palacio

Hay tragaluces en el techo para que entre la luz y salga el humo.

Techo con dibujos de vivos colores

Estos pilares de madera sostienen el techo.

El trono del rey está colocado sobre una tarima.

Cochinillo asado

Lira

Hogar circular

La canción del poeta celebra la valentía del rey guerrero.

Copa de cerámica

Higos y uvas

El pan se toma con aceite de oliva o con miel.

Este criado sirve el vino.

Talleres de artesanía

Cerámicas de Micenas

Los trabajadores del metal, los alfareros y los tejedores estaban al servicio del rey y tenían sus talleres de artesanía en el palacio. Parte de su producción se destinaba al comercio con países extranjeros.

Administración

Los escribas tomaban nota de las mercancías almacenadas en el palacio. Escribían en tablas de arcilla y utilizaban una escritura que llamamos Lineal B.

Tabla de arcilla

Escribas micénicos desempeñando su oficio.

Escritura Lineal B

El baño

En uno de los palacios se ha hallado un cuarto de baño con bañera incorporada. La bañera no tenía desagüe, había que vaciarla sacando el agua con un jarro.

Vasija de aceite perfumado

Bañera de piedra

Escalón de piedra

El baño del palacio de Pylos

Las primeras tumbas

Los primeros reyes de Micenas fueron enterrados con sus familias en fosas profundas, llamadas tumbas pozo. Una pared circular de piedra protegía las tumbas.

Grupo de tumbas de Micenas

Una lápida señala el lugar de cada tumba.

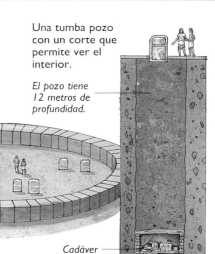

Una tumba pozo con un corte que permite ver el interior.

El pozo tiene 12 metros de profundidad.

Cadáver

Tesoros funerarios

Las tumbas micénicas contenían diversos adornos de oro y plata, copas, espadas y puñales. Muchos de estos tesoros se han conservado porque a los ladrones les era difícil penetrar en las tumbas pozo.

Esta máscara funeraria de oro fue hallada en una tumba pozo de Micenas.

Tumbas colmena

Posteriormente, los reyes de Micenas fueron enterrados en enormes tumbas con forma de colmena llamadas tolos, situadas bajo montículos artificiales de tierra.

Tolo con corte representando el funeral de un rey.

Los sacerdotes y las sacerdotisas traen ofrendas de vino y viandas.

Interior decorado con rosetas de oro.

Corderos para el sacrificio

Músicos

El marco de la puerta está adornado con piedra roja y verde.

Cadáver del rey rodeado del tesoro funerario.

Guerreros y mercaderes

La guerra tuvo gran importancia en la vida micénica. Los reyes y nobles se adiestraban en la lucha, los herreros forjaban las armas de bronce y los poetas cantaban la valentía de los guerreros en las batallas.

Vaso decorado con guerreros micénicos

Cacerías

En tiempos de paz, los nobles utilizaban los carros de guerra en las cacerías. Cazaban jabalíes y adornaban los cascos de guerra con los colmillos a modo de trofeo.

Cacería de jabalí

En tiempos de guerra, el rey en persona iba a la cabeza de su ejército. El monarca y los nobles montaban veloces carros de guerra. Los soldados marchaban a pie.

El rey de la ciudad de Micenas va a la guerra al frente de su ejército.

La gente grita con entusiasmo al paso de los guerreros.

Esta es la Puerta de los Leones, la entrada principal a Micenas.

Las murallas de la ciudad están hechas con enormes bloques de piedra.

Casco cubierto con colmillos de jabalí

Algunos guerreros visten armadura de bronce para protegerse.

Este enorme escudo rectangular es un escudo torre.

Algunos escudos tienen forma de ocho.

Los carros de guerra son de madera y cuero de buey.

Soldado de a pie

Los escudos son de cuero de buey tensado sobre un armazón de madera.

El rey lleva un casco adornado con un cuerno.

La invasión de Creta

Hacia el 1450 a.C. los guerreros micénicos tomaron Creta y el palacio de Cnosos. También arrebataron el comercio marítimo a los minoicos y pasaron a ser los comerciantes principales del Mediterráneo oriental.

Naves de guerra micénicas

Comercio

Los micénicos navegaron a lugares tan distantes entre sí como Egipto e Italia. Iban en busca de marfil y metales preciosos que intercambiaban por vino, aceite de oliva, armas y cerámica.

El asedio de Troya

La ciudad de Troya (en la actual Turquía) fue destruida en torno al 1250 a.C. En este suceso real se basa un famoso relato.

Cuenta la leyenda que Paris, príncipe de Troya, se enamoró de Helena, la bella esposa del rey de Micenas, y se la llevó a Troya. El rapto de Helena provocó la ira de los habitantes de Micenas, cuyo ejército asedió Troya durante 10 años.

Un día dejaron ante las murallas de Troya un gran caballo de madera y fingieron hacerse a la vela. Los troyanos pensaron que el caballo les traería suerte y lo metieron en la ciudad.

Los soldados micénicos salen de su escondite.

En el interior del caballo se habían escondido soldados micénicos, que salieron por la noche y abrieron las puertas de la ciudad al resto de su ejército. Troya fue destruida y Helena devuelta a su marido.

El fin de la civilización micénica

A partir del 1250 a.C. se sucedieron las malas cosechas y las ciudades micénicas empezaron a atacarse entre sí para robar ganado y comida. Es posible que los habitantes emigraran a otras tierras y poco a poco las ciudades se quedaron abandonadas.

Actividad en el muelle de un puerto comercial micénico.

Descarga de una nave procedente del Mediterráneo oriental.

Oro de Egipto

Marfil de Siria

Cobre de Chipre

Espadas y puñales de bronce

Vasijas de plata

Copas de oro

Tinajas de vino y aceite

Cuando la nave haga el siguiente viaje se cargarán estas mercancías para venderlas en tierras extranjeras.

Fechas clave

h.2000 a.C.	Los micénicos se asientan en Grecia.
h.1600-1200 a.C.	Esplendor de la civilización micénica.
h.1450 a.C.	Conquista de Cnossos.
h.1250 a.C.	Destrucción de Troya.
h.1200 a.C.	Abandono gradual de las ciudades.

EUROPA

2000 a.C.   1000 a.C.   500 a.C.   I d.C.   500 d.C.

El imperio de Hammurabi

Mapa del imperio de Hammurabi

En torno al 2000 a.C. los territorios de Sumer y Acad fueron invadidos por tribus amoritas procedentes del desierto que conquistaron Babilonia y otras ciudades. En cada ciudad gobernó una familia amorita diferente.

Invasores amoritas

Hacia el 1792 a.C. un joven llamado Hammurabi ocupó el trono de Babilonia. Derrotó a los otros reyes amoritas y conquistó Sumer y Acad creando un poderoso imperio.

Representación del rey Hammurabi, basada en un relieve en piedra.

El código de Hammurabi

Hammurabi ordenó reunir en un código las leyes que protegían y castigaban a los habitantes de su imperio. Las hizo grabar en una columna de piedra para que las conocieran todos sus súbditos.

Los dibujos ilustran algunas de las leyes de Hammurabi.

Si un paciente moría al ser operado, le cortaban la mano al cirujano.

Si una casa se desmoronaba y alguien moría, el arquitecto era castigado con la pena de muerte.

Si un hombre debía dinero a otro, podía entregarle a su mujer como esclava.

Dioses y leyendas

Según las enseñanzas de los sacerdotes, el dios Marduk había salvado al mundo de un temible monstruo marino.

Los babilonios tenían un sinfín de dioses. El más importante era Marduk quien, según sus creencias, había creado el mundo al construir en el gran océano una balsa enorme que luego cubrió con tierra.

El fin del imperio

Tras la muerte de Hammurabi el imperio babilónico se fue debilitando hasta desaparecer alrededor del 1595 a.C., cuando Babilonia fue arrasada por los hititas. (La historia de Babilonia continúa en las páginas 46 y 47).

Fechas clave

h.2000 a.C.	Invasión amorita.
h.1792-1750 a.C.	Hammurabi, rey de Babilonia, funda el imperio babilónico.
h.1595 a.C.	Los hititas arrasan Babilonia y el imperio desaparece.

10000 a.C.	5000 a.C.	4000 a.C.	3000 a.C.

El imperio hitita

Mapa del imperio hitita

Alrededor del 2000 a.C., varios pueblos hititas se establecieron en Anatolia (actual Turquía) y se fueron agrupando hasta formar un reino con capital en Hattusa hacia el 1650 a.C.

Guerreros

Los hititas tenían una fuerte tradición guerrera. Poseían carros de guerra y armas de hierro más eficaces que las de bronce, empleadas por sus enemigos.

Reyes y guerras

El rey hitita más importante, Subululiuma, invadió Siria y destruyó el vecino imperio mitanni para crear otro mucho más poderoso.

Los hititas y los egipcios fueron enemigos irreconciliables. En Qadesh libraron una dura batalla que no produjo vencedores ni vencidos. Al cabo de muchos años ambos paises hicieron las paces.

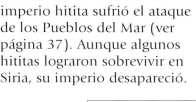

Estatuilla de oro de un rey hitita

Los dioses

Los hititas tenían un sinfín de dioses. El principal fue Teshub, el dios que controlaba las lluvias.

Teshub con un relámpago en la mano

El fin de los hititas

Alrededor del 1195 a.C. el imperio hitita sufrió el ataque de los Pueblos del Mar (ver página 37). Aunque algunos hititas lograron sobrevivir en Siria, su imperio desapareció.

Esta entrada se llama Puerta de los Leones.

Torreón de piedra

Para tomar al enemigo por sorpresa, los soldados salen a paso ligero por un túnel que hay bajo la muralla.

Muralla

Túnel

Una sólida muralla protege la ciudad.

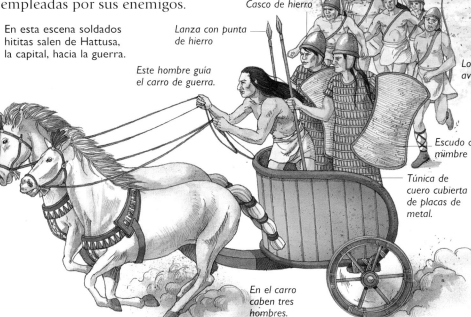

En esta escena soldados hititas salen de Hattusa, la capital, hacia la guerra.

Casco de hierro

Lanza con punta de hierro

Este hombre guía el carro de guerra.

Escudo de mimbre

Los arqueros avanzan a pie.

Túnica de cuero cubierta de placas de metal.

En el carro caben tres hombres.

Fechas clave

h.2000 a.C.   Los hititas se asientan en Anatolia.

h.1650 a.C.   El imperio hitita funda su capital en Hattusa.

h.1380-1340 a.C.   Reinado de Subululiuma

h.1285 a.C.   Batalla de Qadesh

h.1195 a.C.   Conquista de los hititas por los Pueblos del Mar.

PRÓXIMO ORIENTE

BABILONIOS

HITITAS

2000 a.C.   1000 a.C.   500 a.C   I d.C.   500 d.C.

El imperio egipcio

Egipto fue invadido por los hicsos alrededor del 1720 a.C. Con caballos y carros de guerra, les fue muy fácil vencer a los soldados egipcios, que aún luchaban a pie. Cuando los egipcios dispusieron de carros de guerra propios, expulsaron a los hicsos e iniciaron la conquista de territorios vecinos hasta crear un vasto imperio.

Pintura egipcia en la que aparecen un caballo y un carro de guerra

Los faraones guerreros

Los egipcios iban a la guerra al mando de los faraones, que eran excelentes soldados. El faraón guerrero más famoso, Tutmosis III, condujo a su ejército a la guerra en 17 ocasiones. El imperio egipcio alcanzó máxima expansión durante su reinado.

Los enemigos más peligrosos de los egipcios fueron los hititas. El faraón Ramsés II estuvo en guerra con ellos durante 30 años. Finalmente, los dos paises hicieron las paces y Ramsés se casó con una princesa hitita.

Estatua de Tutmosis III

IMPERIO HITITA

Vino y aceite procedentes de Creta

CRETA

CHIPRE

SIRIA

MAR MEDITERRÁNEO

Madera, plata, estaño, esclavos y caballos del imperio oriental

LIBIA

SINAÍ

Nilo

MAR ROJO

Los burros transportaban cobre y turquesas del Sinaí

Sal, dátiles, juncos y ganado de los oasis del desierto

NUBIA

Mapa del imperio egipcio

☐ Egipto

☐ El imperio egipcio en el 1450 a.C.

En el mapa se detallan las mercancías que Egipto compraba a otros países.

Oro, cobre, amatistas, esclavos y ganado procedentes de Nubia

El comercio

Una nave comercial egipcia en el país de Punt.

Árbol de la mirra.

Los egipcios tenían minas de oro, que explotaron para pagar todas las mercancías que necesitaban adquirir. Practicaron el comercio con los países del imperio y más allá de sus fronteras (ver mapa). Los mercaderes egipcios llegaron al país de Punt, en la costa oriental africana, en busca de los preciados árboles de la mirra, que servían para fabricar incienso aromático.

Abanico de plumas de avestruz

Faraón

Reina

Pinturas murales con escenas de la vida en Egipto

Cortesano

Un escriba toma nota de los regalos que recibe el faraón

Cobre del Sinaí

El vino y el aceite son regalos para el faraón

Un pastor del Sinaí

Estos sirios hacen profundas reverencias

Uno de los dos visires (consejeros) del faraón

Funcionarios

Frutas exóticas

Huevos de avestruz

Aros de oro

Marfil

El babuino es una mascota para la reina

Visitantes de Nubia

Piel de leopardo

En esta escena los visitantes traen regalos a la corte del faraón. Para que se vea mejor el salón del trono, en el dibujo no se incluyen todos los pilares.

La corte del faraón

A la corte del faraón acudían gentes de todos los confines del imperio. Traían mercancías para comerciar y valiosos regalos para el faraón, que en realidad eran tributos (impuestos) que todos los pueblos conquistados tenían que pagar. Algunos gobernantes extranjeros enviaban a sus hijas para casarlas con el faraón, que tenía varias esposas.

Viajes

En Egipto no había muchas carreteras porque las habrían arrastrado las crecidas del Nilo. La mejor manera de viajar era en barca por el Nilo. Las naves comerciales también navegaban a los puertos del mar Rojo y por el Mediterráneo oriental.

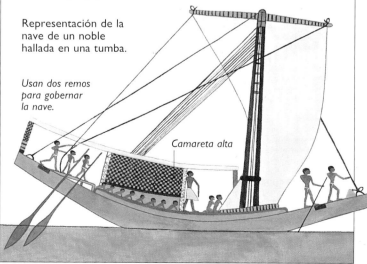

Representación de la nave de un noble hallada en una tumba.

Usan dos remos para gobernar la nave.

Camareta alta

Templos y dioses

Los dioses y diosas egipcios eran muy numerosos. La mayoría estaban relacionados con determinados animales y para que fueran reconocidos con facilidad se les representaba en pinturas y esculturas con la cabeza del animal.

Algunos de los dioses y diosas egipcios

Maat, diosa de la verdad y la justicia

Osiris, rey del mundo de los muertos

Renenutet, hipopótamo hembra, divinidad de los recién nacidos y de las embarazadas.

Tot, dios de la sabiduría y la escritura con cabeza de ibis (un ave)

Amón, rey de los dioses durante el Imperio Nuevo

Ra, el dios Sol, con el disco solar y a veces con cabeza de halcón

Anubis, dios de los muertos, con cabeza de chacal

Horus, hijo de Isis y Osiris, fue el dios de los cielos y tenía cabeza de halcón.

Isis, hermana y esposa de Osiris, fue la diosa de la artesanía.

Bastet, diosa con forma de gato.

El templo de Abu Simbel (Nubia) fue excavado en la roca viva.

Los egipcios construyeron numerosos templos enormes de piedra a orillas del Nilo. Según sus creencias, los dioses y diosas vivían en los templos.

En cada templo había una estatua del dios que lo habitaba. Los sacerdotes despertaban al dios por la mañana y se encargaban de lavar, vestir y alimentar su estatua mientras recitaban plegarias.

Al pueblo no le estaba permitido entrar en el templo. La gente veía la estatua del dios cuando salía en procesión por la ciudad durante las celebraciones religiosas.

Fiesta de Bastet, la diosa con forma de gato. La procesión acaba de salir del templo.

Los sacerdotes y las sacerdotisas van delante.

El sacerdote quema incienso.

Estatua de Bastet

Santuario

Embarcación de oro

Toros para el sacrificio

Bailarinas   Músicos

En los templos también había talleres de artesanía, bibliotecas y escuelas. Todo tipo de personas trabajaban en el templo.

Algunas de las personas que trabajaban en el templo

Escultor

Escriba. Su oficio era leer y escribir por encargo de otras personas.

Carpintero

Alfarero

Tejedora

Los alumnos escriben sobre trozos de arcilla porque el papel de papiro era caro.

El maestro es un escriba.

Una escuela del templo

Algunos niños, hijos de familias acomodadas, aprendían a leer y escribir en la escuela del templo. Los más mayores estudiaban historia, geografía, religión, idiomas extranjeros, matemáticas y medicina. Las niñas no iban a la escuela; sus madres las educaban en casa.

La escritura

Los egipcios empleaban dibujos y signos llamados jeroglíficos. Los escribas realizaban sus escritos sobre papiro, que se obtenía de los tallos de una planta. La tinta se fabricaba en bloques sólidos y había que mezclarla con agua.

Papiro

Bloque de tinta

Cálamos

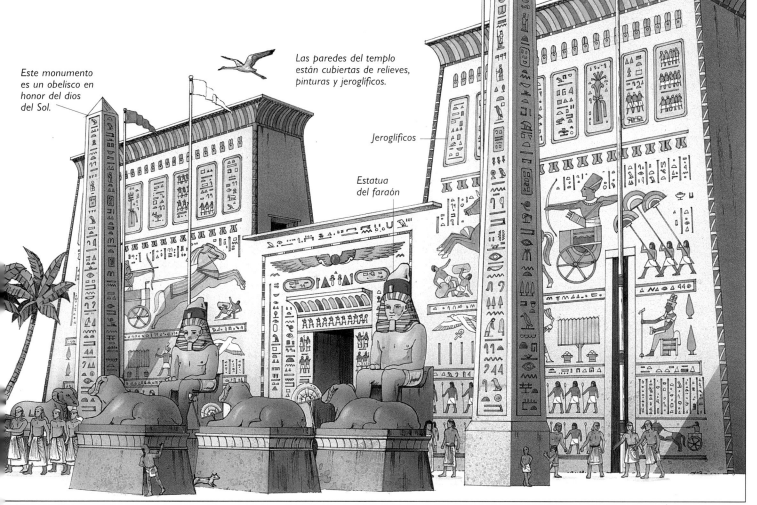

Este monumento es un obelisco en honor del dios del Sol.

Las paredes del templo están cubiertas de relieves, pinturas y jeroglíficos.

Jeroglíficos

Estatua del faraón

2000 a.C.　　　1000 a.C.　　　500 a.C.　　　I d.C.　　　500 d.C.

La vida en Egipto

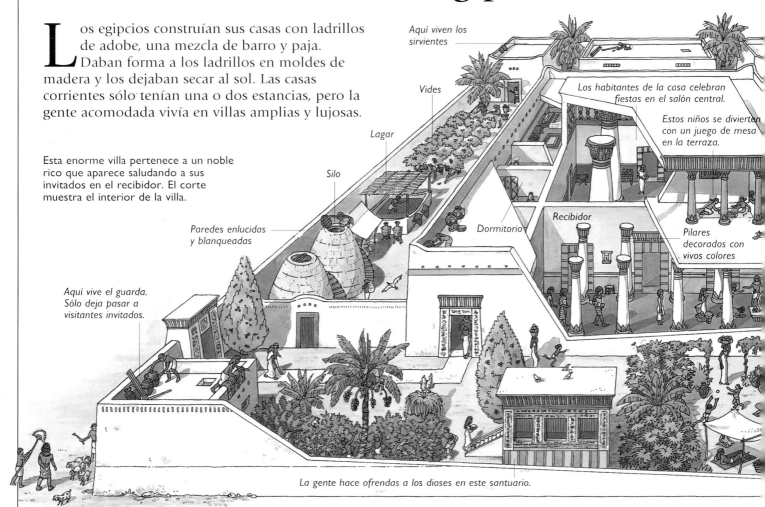

Los egipcios construían sus casas con ladrillos de adobe, una mezcla de barro y paja. Daban forma a los ladrillos en moldes de madera y los dejaban secar al sol. Las casas corrientes sólo tenían una o dos estancias, pero la gente acomodada vivía en villas amplias y lujosas.

Esta enorme villa pertenece a un noble rico que aparece saludando a sus invitados en el recibidor. El corte muestra el interior de la villa.

Aquí viven los sirvientes

Vides

Lagar

Silo

Los habitantes de la casa celebran fiestas en el salón central.

Estos niños se divierten con un juego de mesa en la terraza.

Paredes enlucidas y blanqueadas

Dormitorio

Recibidor

Pilares decorados con vivos colores

Aquí vive el guarda. Sólo deja pasar a visitantes invitados.

La gente hace ofrendas a los dioses en este santuario.

Fiestas

Los egipcios ricos solían dar grandes fiestas con abundante comida y bebida. Para entretener a los comensales había músicos, cantantes, bailarinas, malabaristas y acróbatas. Los sirvientes colocaban en la cabeza de los invitados conos de grasa aromática, que al derretirse refrescaba la cara y despedía un grato perfume.

Grasa aromática

Pintura egipcia en la que aparecen invitados, bailarinas y músicos en una fiesta.

Juegos y juguetes

Los egipcios eran aficionados a varios juegos de mesa de los que desconocemos las reglas. El "senet" y "perros y chacales" son dos de ellos. Los niños jugaban con pelotas, muñecas y animales de madera o de cerámica.

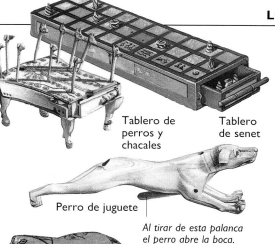

Tablero de perros y chacales

Tablero de senet

Perro de juguete

Al tirar de esta palanca el perro abre la boca.

Hipopótamo de cerámica pintada

Pelotas de terracota

Establos para el ganado

Pozo

Estanque con peces

Toldo para resguardarse del sol

Jardines cercados por un muro

El fin del imperio egipcio

Ramsés III fue el último de los grandes faraones guerreros. Defendió Egipto de los ataques de los Pueblos del Mar (ver página 37).

A la muerte de Ramsés, el imperio empezó a decaer y estalló una guerra civil. Egipto fue invadido primero por los asirios, después por los nubios y más tarde por los persas.

En el 332 a.C. Egipto fue conquistado por Alejandro Magno (ver páginas 56 y 57). A su muerte, la dinastía de Tolomeo, uno de sus generales, gobernó el país.

En el 32 a.C. se produjo una guerra entre Roma y Egipto. Los egipcios fueron derrotados y Cleopatra, la última reina de la dinastía de los Tolomeos, se suicidó. Egipto pasó a formar parte del imperio romano.

Cleopatra

El deporte

La caza y la pesca eran los deportes más populares. Los nobles cazaban aves acuáticas y animales de río, como hipopótamos y cocodrilos. También eran aficionados a la lucha cuerpo a cuerpo o con palos (parecida a la esgrima) y a los juegos que ponían a prueba la fuerza.

En esta pintura mural dos equipos de egipcios se enfrentan para poner a prueba su fuerza.

Caza del hipopótamo

Fechas clave

h.1720 a.C.	Los hicsos invaden Egipto. Fin del Imperio Medio.
h.1570 a.C.	Expulsión de los hicsos. Comienzo del Imperio Nuevo.
h.1450 a.C.	El imperio egipcio alcanza máxima expansión.
h.1280 a.C.	Ramsés II hace las paces con los hititas.
h.1190 a.C.	Ataque de los Pueblos del Mar.
h.1070 a.C.	La guerra civil pone fin al Imperio Nuevo.
671 a.C.	Invasión asiria.
525 a.C.	Invasión persa.
332 a.C.	Alejando Magno conquista Egipto.
30 a.C.	Egipto pasa a formar parte del imperio romano.

ÁFRICA

2000 a.C.	1000 a.C.	500 a.C.	1 d.C.	500 d.C.

Las gentes de Canaán

IMPERIO HITITA

Ugarit • • Ebla

CHIPRE

Biblos •

C A N A Á N

MAR MEDITERRÁNEO

PALESTINA

EGIPTO

Mapa de Canaán

El territorio de Canaán se encontraba en el Mediterráneo oriental y los cananeos, que eran agricultores y comerciantes, habitaban en pequeños reinos, cada uno con su ciudad amurallada, rodeada por aldeas y tierras de cultivo.

La ciudad de Ebla

La madera de los enormes cedros que crecían al norte era muy valiosa y enriqueció a Canaán. Por la posesión de esta madera lucharon los imperios egipcio e hitita. A partir del 1550 a.C. Egipto gobernó gran parte de Canaán.

Cedro

El comercio

Los mercaderes cananeos zarpaban de los puertos de Biblos y Ugarit y recorrían todo el Mediterráneo oriental practicando el comercio.

En esta escena un mercader cananeo hace preparativos para zarpar con rumbo a Egipto.

Un escriba toma nota de la mercancía que hay que cargar a bordo del barco.

Los esclavos serán vendidos a algún noble egipcio.

Mercader

Madera de cedro destinada a la construcción de barcas en Egipto

Caja de marfil

Tinaja de aceitunas

Telas teñidas de vivos colores

Copas y vasijas de oro

Tinaja de aceite

Tinajas de vino

Los dioses

El más poderoso entre los muchos dioses cananeos fue Baal, dios de la lluvia, la tempestad y la guerra. Su esposa Astarté era la diosa del amor.

Estatua de Baal

Los sacerdotes sacrificaban animales en la cima de los montes.

La escritura

Los cananeos inventaron un alfabeto de tan sólo 27 letras. Era mucho más fácil de manejar que las escrituras egipcia y sumeria, que contaban con cientos de caracteres.

Tabla de arcilla con escritura cananea

Invasiones

Entre el 1195 a.C. y el 1190 a.C., Canaán fue invadido por los Pueblos del Mar (ver página siguiente), que se establecieron en el sur. Los cananeos lograron seguir controlando el norte del país.

El azote del Mediterráneo

Es probable que los Pueblos del Mar procedieran de Grecia, de las islas del Egeo y del sudoeste de Turquía. En torno al 1195 a.C. se vieron forzados a huir de los conflictos en sus países de origen e invadieron el Mediterráneo oriental

Después de destruir el imperio hitita, algunas tribus navegaron hacia el sur y atacaron las ciudades de la costa de Canaán; otras avanzaron a pie, matando y saqueando a su paso.

Movilización de los Pueblos del Mar

Las mujeres y los niños viajan en carretas.

Los Pueblos del Mar atacaron Egipto por mar y tierra hacia el 1190 a.C. Fueron derrotados en una fiera batalla junto a las costas egipcias.

Los filisteos

Al ser derrotados en Egipto, los Pueblos del Mar se dispersaron por el Mediterráneo. Los peleset, que más tarde dieron nombre a Palestina, se asentaron al sur de Canaán. En los relatos bíblicos se les llama filisteos.

Los filisteos poseían armas de hierro que les daban ventaja en la conquista de tribus vecinas, como los hebreos (ver páginas 38 y 39).

Sarcófago filisteo de terracota.

Batalla naval entre los egipcios y los Pueblos del Mar.

Las gentes de los Pueblos del Mar luchan con lanzas y espadas.

Los guerreros de la tribu sherden llevan cascos adornados con cuernos.

Los arqueros egipcios arrojan flechas desde la playa.

Un barco ha volcado durante la batalla.

Los barcos de los Pueblos del Mar llevan una cabeza de ave en la proa y otra en la popa.

Pectoral de cuero

Los egipcios luchan con lanzas o con arcos y flechas.

La nave egipcia choca con uno de los barcos de los Pueblos del Mar.

Muchos guerreros de los Pueblos del Mar mueren ahogados.

Fechas clave

h.1550-1200 a.C.	Los egipcios gobiernan casi todo Canaán.
h.1400 a.C.	Los cananeos inventan el primer alfabeto.
h.1195 a.C.	Los Pueblos del Mar derrotan a los hititas.
h.1190 a.C.	Los egipcios derrotan a los Pueblos del Mar.
h.1150 a.C.	Los filisteos se establecen en el sur de Canaán.

PRÓXIMO ORIENTE

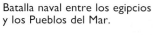

CANANEOS

PUEBLOS DEL MAR

| 2000 a.C. | 1000 a.C. | 500 a.C. | 1 d.C. | 500 d.C. |

Los reinos hebreos

Las primeras tribus hebreas eran nómadas y recorrían los bordes del desierto cercano al territorio de Canaán. A diferencia de la mayoría de los pueblos antiguos, los hebreos creían en un dios único de quien esperaban recibir protección a cambio de obediencia.

Los primeros hebreos vivían en tiendas

El éxodo a Canaán

El Antiguo Testamento narra la historia de los hebreos. Uno de los relatos más conocidos cuenta que estuvieron forzados a trabajar para los reyes de Egipto hasta que Moisés les condujo a través del desierto a la tierras de Canaán.

El viaje que hicieron los hebreos de Egipto a Canaán se llama éxodo.

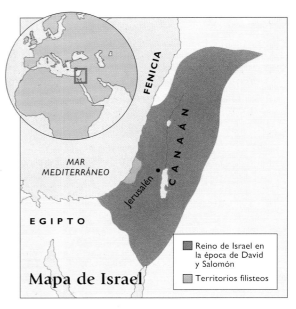

MAR MEDITERRÁNEO

FENICIA

CANAÁN

Jerusalén

EGIPTO

Reino de Israel en la época de David y Salomón

Territorios filisteos

Mapa de Israel

La conquista de Canaán

Los hebreos llegaron a Canaán hacia el 1250 a.C. Tras librar muchas batallas, conquistaron algunas tierras y se asentaron a cultivarlas.

Casa de un campesino hebreo. El corte permite ver su interior.

La azotea se usa como una habitación más.

En el huerto hay aceitunas, higos, dátiles y granadas.

La familia vive aquí arriba.

Horno para cocer el pan

Masa para el pan

Los animales domésticos viven aquí abajo.

Aplastan las aceitunas para extraer aceite.

Aquí almacenan el grano, el aceite y el vino.

En la huerta crecen judías, ajos, cebollas y garbanzos.

Crían cabras para obtener leche y carne.

Esta mujer hila la lana.

Esta muchacha va a por agua.

Luchas con los filisteos

David mata a Goliat, el gigante filisteo.

El territorio hebreo fue atacado por los filisteos que se habían asentado en la costa cananea. Para defenderse, eligieron como rey y jefe militar a Saúl, pero según el relato bíblico el verdadero héroe fue el joven David.

La Biblia cuenta que David logró matar al guerrero filisteo más fuerte con su honda y una piedra.

El rey David

David subió al trono a la muerte de Saúl y tras derrotar a los filisteos unió a las tribus hebreas formando un sólo reino: Israel. También capturó Jerusalén y la hizo capital del reino.

El rey Salomón

Salomón, hijo de David, estableció relaciones comerciales con Fenicia y otros países. El comercio trajo poder y prosperidad al reino de Israel y Salomón empleó parte de sus muchas riquezas en la construcción de un gran templo al dios de los israelitas en Jerusalén.

Reconstrucción del Templo de Salomón en Jerusalén. El corte muestra su interior.

A la entrada del Templo de Salomón, había una pila de bronce llena de agua bendita.

El templo es de caliza

Operarios fenicios ayudaron a los hebreos en la construcción del templo.

Paredes revestidas con madera de cedro procedente de Fenicia.

Aquí está el sancta sanctorum (lugar sagrado) donde sólo entra el sumo sacerdote una vez al año.

Paredes recubiertas de oro

Porche

Pilar de bronce

Aquí se guardan los tesoros del templo.

Sala principal

Candelero de oro

En el altar se quemaban las ofrendas de cereales.

Este cofre es el Arca de la Alianza. Contiene unas tablas de piedra con leyes sagradas, llamadas los diez mandamientos.

Dos estatuas de oro guardan el Arca de la Alianza.

Los dos reinos

A la muerte de Salomón se produjeron luchas entre el norte y el sur. El país se dividió en dos reinos, el de Israel al norte y el de Judá al sur.

El fin de los reinos hebreos

En el 722 a.C., Israel fue invadido y ocupado por los asirios. Cuando los israelitas se sublevaron, muchos de ellos fueron enviados cautivos a Siria. Judá fue conquistado por los babilonios, que destruyeron Jerusalén e hicieron prisioneros a sus habitantes. Las gentes de Judea, conocidas con el nombre de judíos, volvieron a su país cuando el imperio babilónico se derrumbó.

Las gentes de Judea fueron enviadas a Babilonia como esclavos.

Fechas clave

h.1250 a.C.	Los hebreos llegan a Canaán
h.1020 a.C.	Saúl asciende al trono.
h.1000-965 a.C.	Reinado de David. Los filisteos son derrotados.
h.965-928 a.C.	Reinado de Salomón. Construcción del Templo de Jerusalén.
h.926 a.C.	División en dos reinos, el de Israel y el de Judá.
722 a.C.	Los asirios invaden Israel.
587 a.C.	Los babilonios destruyen Jerusalén y toman prisioneros a los judíos.

PRÓXIMO ORIENTE

2000 a.C.	1000 a.C.	500 a.C.	I d.C.	500 d.C.

Los mercaderes de Fenicia

Los fenicios eran descendientes de los cananeos que vivieron en la costa mediterránea oriental (ver página 36). Practicaron el comercio y a partir del 1200 a.C., se convirtieron en los mejores mercaderes de toda la antigüedad.

Las ciudades fenicias

Tiro, Sidón y Biblos fueron importantes ciudades portuarias. Las ciudades estaban protegidas por murallas y cada una tenía su propio rey, que habitaba en un palacio muy lujoso.

Cuenta de vidrio

Artesanía

Los artesanos fenicios producían objetos que los mercaderes vendían en el extranjero. Tuvieron gran fama el marfil tallado y el vidrio fenicio, con el que hacían hermosas botellas y cuentas de collar.

Talla de marfil

Los hombres púrpura

Los fenicios elaboraban un tinte muy caro de color entre rojo y morado, llamado púrpura, que obtenían de unos moluscos llamados cañadillas. Fenicio es una palabra griega que significa "hombre rojo púrpura".

Cañadilla

Una ciudad fenicia

Naves y travesías

Los fenicios fueron unos marinos excelentes. Recorrieron con sus naves comerciales todo el Mediterráneo y alcanzaron países muy lejanos, incluso es posible que llegaran a las Islas Británicas. En una de sus travesías más largas circunnavegaron la costa de África.

Carga de mercancías en una nave comercial atracada en un puerto fenicio.

Dos remos enormes sirven para gobernar la nave desde la popa.

Esta nave comercial está a punto de zarpar con rumbo a España.

Las mercancías son almacenadas bajo la cubierta.

Tinajas de aceite de cedro, vino y especias

Madera de cedro fenicia

Este mercader desea comprar telas.

Sal del Norte de África

Marfil de Egipto

Cobre de Chipre

Piezas de tela color púrpura

Transportan las botellas de vidrio dentro de cántaros para que no se rompan.

Mapa del mundo fenicio

Fenica
Asentamientos fenicios
→ Ruta comercial
⇢ Viajes de exploración

CÓRCEGA
Roma
ITALIA
CERDEÑA
ESPAÑA
GRECIA
CHIPRE
Biblos
Sidón
Tiro
IBIZA
SICILIA
CRETA
A LAS
ISLAS
BRITÁNICAS
Cartago
MALTA
MAR MEDITERRÁNEO
AL ÁFRICA
OCCIDENTAL
ÁFRICA
EGIPTO
Nilo

Primero zarpa un barco de guerra para proteger las naves comerciales de ataques piratas.

El barco de guerra con dos filas de remos se llama birreme.

La nave está hecha de madera de cedro y pino.

Este mercader es el propietario de la nave.

Cartago

Los mercaderes fundaron puntos de intercambio comercial por toda la costa mediterránea. La colonia más importante fue Cartago, en la costa norte de África, fundada por la princesa fenicia Dido quien, valiéndose de engaños, logró que el caudillo de la región le regalara el terreno necesario para la construcción de una ciudad.

El puerto de Cartago

Escritura

Los fenicios inventaron un alfabeto sencillo de 22 letras, que se fue desarrollando hasta convertirse en el alfabeto usado en la actualidad.

Muestra del alfabeto fenicio

Letras fenicias	𐤁	𐤊	𐤋	𐤌	𐤍	𐤏
Letras modernas	H	K	L	M	N	Q

El fin de los fenicios

Aunque los fenicios fueron súbditos de los grandes imperios de Asiria, Babilonia y Persia, lograron preservar su modo de vida hasta la conquista de Alejandro Magno en el 332 a.C. Cartago mantuvo su poder durante otros 200 años, hasta ser totalmente destruida por los romanos en el 146 a.C.

Soldados romanos destruyen Cartago

Fechas clave

h.1200-1000 a.C. Prosperidad y esplendor de Fenicia.

h.814 a.C. Fundación de Cartago.

h.701 a.C. Conquista de Fenicia por los asirios.

332 a.C. Conquista de Fenicia por Alejandro Magno.

146 a.C. Destrucción de Cartago por los romanos.

PRÓXIMO ORIENTE

2000 a.C.   1000 a.C.   500 a.C.   1 d.C.   500 d.C.

Los asirios en guerra

Los primeros asirios habitaban una región de fértiles tierras agrícolas bañadas por el río Tigris. Alrededor del 2000 a.C. fueron sometidos por los invasores que llegaron a crear el reino de Asiria.

Los asirios eran un pueblo guerrero. Atacaban con frecuencia los territorios vecinos, aunque sus ofensivas siempre eran rechazadas. Finalmente, al mando de una serie de reyes con deseos de expansión, crearon un vasto imperio.

Asiria

Máxima expansión del imperio asirio (663 a.C)

MEDIA

Nínive • Nimrud
Assur •
Éufrates
Tigris
Babilonia •
MAR MEDITERRÁNEO
GOLFO PÉRSICO
EGIPTO

Mapa del imperio asirio

Conquistadores crueles

Los reyes asirios exigían impuestos a los pueblos conquistados y castigaban duramente a quienes se negaban a pagar. Las ciudades rebeldes eran tomadas por asalto.

El hombre representado en este relieve entrega un camello como tributo.

Asalto a una ciudad

Los asirios eran expertos en asaltar ciudades. Primero ponían cerco para que no pudiera salir nadie y después destruían las murallas.

Los asirios toman por asalto una ciudad rebelde.

Un mensajero trae nuevas de una rebelión en otra ciudad.

Campañas militares

Todos los años, el formidable ejército asirio emprendía la conquista de nuevos territorios. Las tropas tenían que cubrir distancias enormes antes de las batallas.

Los soldados de a pie forman el grueso del ejército.

El ejército asirio atraviesa las aguas de un río.

Los carros de guerra cruzan en barcas de remo.

El portador de escudo

Arquero

Guía del carro

Los soldados cruzan a nado, flotando sobre pellejos de cabra inflados.

Cada carro de guerra lleva tres ocupantes.

Estos soldados inflan los pellejos de cabra para que floten.

Los rebeldes arrojan teas encendidas a los asirios.

Los soldados rebeldes tratan de echar abajo las escalas.

Los soldados asirios usan escalas para subir por las murallas.

Los arqueros disparan saetas por estas aberturas.

Este artefacto es un ingenio de asedio.

El ariete sirve para demoler la muralla.

Los asirios han construido una rampa para atacar la muralla más arriba, donde ofrece menos resistencia.

Los soldados cavan al pie de la muralla para hacer que se derrumbe.

Los arqueros disparan flechas que sobrepasan las almenas.

El ingenio está cubierto de pieles de animales.

Otros soldados empujan el ingenio de asedio desde atrás.

Los tiradores de honda arrojan piedras a los rebeldes.

El portador de escudo del rey

El rey da las órdenes desde su carro de guerra.

La guardia real

Coraza de planchas de metal

Castigos terribles

La ciudad conquistada era destruída y sus habitantes ejecutados, torturados hasta morir o tomados prisioneros. Los asirios pretendían dar ejemplo para que no se rebelaran otras ciudades, pero lo único que conseguían era inspirar más odio.

Destrucción de una ciudad capturada por los asirios.

Los soldados derriban las murallas.

Prenden fuego a las casas.

Queman los huertos.

Ejecutan a los rebeldes.

El escriba cuenta las cabezas de los ciudadanos decapitados.

Los prisioneros son deportados.

2000 a.C.　　1000 a.C.　　500 a.C.　　I d.C.　　500 d.C.

Los asirios en paz

Muchos asirios eran agricultores. Construían acequias para llevar agua a sus campos y producían cebada, sésamo, uvas y hortalizas. También criaban ovejas, cabras, bueyes y vacas.

Rama

Piedra de contrapeso

Cubo de cuero

Un shaduf, inventado para sacar agua y regar los campos.

Un campesino asirio sacando agua para regar

Dioses y espíritus

Según las creencias de los asirios, el dios más importante, llamado Assur, era el dueño de Asiria. Tenían otros muchos dioses y diosas y también creían en la existencia de espíritus malignos.

Reyes poderosos

Los reyes de Asiria se creían elegidos por los dioses para gobernar el imperio y conquistar nuevos territorios. Adoptaban títulos grandiosos, como el de "rey universal" y tenían que construir templos y oficiar en las festividades religiosas para servir a los dioses.

Estatua del rey Assurnasirpal II

Ciudades y palacios

Los asirios construyeron ciudades magníficas con hermosos palacios y templos. Dieron el nombre del dios Assur a la primera capital y más adelante el rey Assurnasirpal II creó una nueva capital en Nimrud.

Salón del trono del palacio real de Assurnasirpal en Nimrud

Abertura en el techo para que entre la luz

Estatua con cabeza humana y cuerpo de león alado

Un mensajero trae noticias de los confines del imperio.

Dos estatuas como ésta guardan la entrada al salón del trono.

El sirviente sostiene una sombrilla sobre el rey.

El escriba toma notas.

Durante el reinado de Assurbanipal, el último de los grandes soberanos asirios, la capital había sido trasladada a la ciudad de Nínive.

El rey Assurbanipal y su esposa en los jardines del palacio real de Nínive.

Flauta doble

Arpa

Los perros del rey

Músicos

Hay flores de loto en el estanque.

4000 a.C.

3000 a.C.

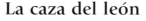

Bibliotecas

Una biblioteca asiria

Tablillas con escritos asirios

En el palacio de Nínive había una biblioteca con cientos de tablas de arcilla traídas de todo el imperio por el rey Assurbanipal. Las tablillas versaban sobre historia, religión, matemáticas y medicina.

La caza del león

En tiempos de paz los reyes asirios practicaban la caza del león para demostrar su valentía y destreza. Los leones habitaban en cotos de caza para que el soberano pudiera cazar cuando lo deseara.

El rey Assurbanipal en su coto de caza.

Los soldados forman una barrera de escudos para que los leones no escapen.

El rey está a punto de matar al león con su lanza.

Los leones están enjaulados.

Las ramas de la vid resguardan del sol.

Los sirvientes abanican a los soberanos y espantan las moscas.

Pastelillos de dátiles y miel

El rey está reclinado sobre un diván.

Queman incienso para perfumar el ambiente.

Los muebles están decorados con oro y marfil.

El fin del imperio asirio

El imperio asirio alcanzó tales dimensiones que resultaba imposible gobernarlo. Comenzó a desmoronarse debido a rebeliones internas y en el 612 a.C. los habitantes de Babilonia y de la cercana región de Media se aliaron para atacar Asiria. Assur y Nínive fueron destruidas y el imperio se hundió.

Soldado medo

Fechas clave

h.2000 a.C.	Asiria se convierte en reino.
h.1000-663 a.C.	Los asirios crean un poderoso imperio.
883-859 a.C.	Reinado de Assurnasirpal II. Fundación de Nimrud.
704-681 a.C.	El rey Senaquerib funda Nínive.
668-627 a.C.	Reinado de Assurbanipal.
612-609 a.C.	Los babilonios y los medos atacan Asiria. Fin del imperio.

PRÓXIMO ORIENTE

| 2000 a.C. | 1000 a.C. | 500 a.C. | I d.C. | 500 d.C. |

La ciudad de Babilonia

Cabeza de cerámica de una princesa casita

Babilonia fue una gran potencia durante el reinado del célebre Hammurabi (ver página 28). Al final de su imperio fue capturada por los casitas, que gobernaron pacíficamente 400 años.

Hacia el 730 a.C. Babilonia entró a formar parte del imperio asirio. Los babilonios se sublevaron en repetidas ocasiones y finalmente la ciudad fue asaltada y destruída a manos de los asirios.

En el 625 a.C. el general babilonio Nabopolassar se proclamó rey de Babilonia y para derrotar a los asirios se alió con las gentes del vecino país de Media. Durante su reinado y el de su hijo Nabucodonosor II, Babilonia fue reconstruida y llegó a ser una de las ciudades más grandiosas del mundo.

Babilonia durante las festividades religiosas del Año Nuevo.

Puerta de Ishtar, dedicada a la diosa del mismo nombre.

La puerta está revestida de ladrillos vidriados de color azul.

Esta torre escalonada se llama zigurat. Fue construida por Nabucodonosor en honor al dios Marduk.

Santuario

Aquí viven los sacerdotes.

El salón del trono

El palacio real

Los célebres Jardines Colgantes de Babilonia.

Nabucodonosor mandó construir los jardines porque su esposa echaba de menos las verdes colinas de su patria.

Una avenida, llamada Vía de las Procesiones, conduce al interior de la ciudad.

Figuras de toros y de dragones

La estatua del dios Marduk es llevada en procesión a un santuario fuera de la ciudad.

La gente ve pasar la procesión desde las almenas.

| 10000 a.C | 5000 a.C. | 4000 a.C. | 3000 a.C. |

ASIRIA

MEDIA

Éufrates

Tigris

Babilonia

MAR MEDITERRÁNEO

Jerusalén

JUDÁ

GOLFO PÉRSICO

☐ Imperio babilónico en tiempos de Nabucodonosor II

Mapa del imperio babilónico

Religión

Los dioses principales de Babilonia fueron Marduk, en cuyo honor se celebraban las festividades del Año Nuevo durante 11 días, e Ishtar, diosa de la guerra y del amor.

Estatua de la diosa Ishtar

El imperio babilonio

Nabucodonosor II hizo muchas guerras de conquista para crear un gran imperio. Una de las campañas militares más famosas fue contra las gentes de Judá, que ofrecieron resistencia. Terminó con la destrucción de la capital, Jerusalén, y el envío de miles de judíos a Babilonia como esclavos.

Se instalaron sistemas de bombeo para llevar el agua a la parte alta de los jardines.

El agua baja por las terrazas y va regando la tierra.

La parte principal de la ciudad está rodeada por dos murallas colosales.

Futurología

Los babilonios creían que era posible predecir el futuro observando las vísceras de animales sacrificados. Los sacerdotes las comparaban con modelos fabricados en arcilla.

Modelo en arcilla de un hígado de oveja.

El fin de Babilonia

En el 539 a.C. Babilonia fue conquistada por el ejército de Persia (hoy Irán) y pasó a formar parte del poderoso imperio persa (ver páginas 48 y 49).

Fechas clave

h.1595-1155 a.C.	Los casitas gobiernan Babilonia.
h.730 a.C.	Babilonia pasa a formar parte del imperio asirio.
689 a.C.	Destrucción de Babilonia.
625-605 a.C.	Reinado de Nabopolassar. Derrota de los asirios.
605-562 a.C.	Reinado de Nabucodonosor II. Reconstrucción de Babilonia.
539 a.C.	Babilonia pasa a formar parte del imperio persa.

PRÓXIMO ORIENTE

El poder de Persia

Persia fue el nombre que tuvo en otros tiempos el país que ahora se llama Irán. Hacia el 1300 a.C. el territorio fue invadido por dos tribus, la de los medos y la de los persas, que fundaron dos reinos: Media en el norte y Persia en el sur.

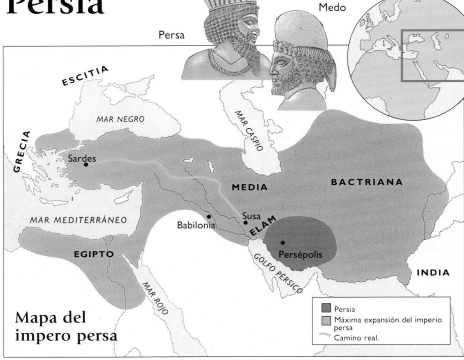

Persa

Medo

Mapa del impero persa

ESCITIA
MAR NEGRO
GRECIA
Sardes
MAR CASPIO
MAR MEDITERRÁNEO
MEDIA
BACTRIANA
Babilonia
Susa
ELAM
EGIPTO
Persépolis
GOLFO PÉRSICO
MAR ROJO
INDIA

- Persia
- Máxima expansión del imperio persa
- Camino real.

Soldados persas representados en un friso

El rey Ciro II de Persia derrotó a los medos en el 550 a.C., tomó posesión de sus tierras y creó un gran imperio. Años después, siendo rey Darío I, el imperio persa llegó a ser el más extenso jamás conocido.

El camino real

Darío mandó construir buenas carreteras por todo el imperio para que los mensajeros viajaran con rapidez. El camino real, de la capital Susa a Sardés en el extremo oeste, tenía 2.700 km de longitud.

Brazalete persa trabajado en oro macizo

La administración del imperio

El rey Darío amasó una inmensa fortuna porque ordenó el pago de impuestos a todos los pueblos conquistados. Si cumplían con el pago, podían conservar su religión y sus costumbres.

Darío dividió su vasto imperio en regiones administradas por gobernadores locales llamados sátrapas. Había otros funcionarios que vigilaban a los sátrapas para asegurar que continuaban siendo fieles al monarca.

Llegada de un mensajero a uno de los albergues a lo largo del camino real.

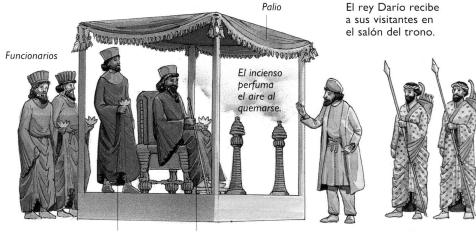

Funcionarios

Palio

El incienso perfuma el aire al quemarse.

El rey Darío recibe a sus visitantes en el salón del trono.

El príncipe Jerjes, hijo del rey

El rey Darío

Un sátrapa (gobernador local) saluda al soberano.

Guardia real

Persépolis

Darío empleó parte de su riqueza en la construcción de un magnífico palacio en Persépolis. Durante las festividades del Año Nuevo, altos funcionarios de todos los rincones del imperio acudían al palacio con regalos para el rey.

El rey recibe a los visitantes en el salón de audiencias, con capacidad para unas 10.000 personas.

Los capiteles de las columnas representan dos toros unidos.

El interior del salón está adornado con oro, plata, marfil y ébano (una madera oscura).

En el dibujo, funcionarios del imperio llegados a Persépolis para las festividades del Año Nuevo.

Escalinata cubierta de relieves

Este hombre ha traído un camello de Bactriana.

Un africano trae marfil.

Un indio trae frascos de oro en polvo.

Guardia real

Los visitantes esperan con sus regalos en la esplanada.

Funcionarios persas

Un escita trae una tela fina y un brazalete de oro.

Un babilonio trae cuencos de oro y plata.

Un medo indica dónde deben ir los recién llegados.

Este hombre es de Elam. Ha traído un cachorro de león para el rey.

Religión

Los persas siguieron las enseñanzas de un profeta llamado Zaratustra (o Zoroastro), que predicaba la existencia de un solo dios. El fuego era sagrado y una de las funciones de los sacerdotes, llamados magos, era mantener el fuego ardiendo.

Los sacerdotes llevaban leña para avivar el fuego sagrado.

El fin del imperio persa

Persia estuvo en guerra con Grecia durante muchos años. Aunque los persas ganaron algunas de las batallas, al final fueron derrotados. (En la página 51 hay más información sobre estas guerras).

El imperio se debilitó tras la muerte del rey Jerjes I, hijo de Darío. En el 331 a.C., Persia fue conquistada por Alejandro Magno (ver páginas 56 y 57).

Fechas clave

h.1300 a.C.	Los medos y los persas se asientan en Persia.
h.700-600 a.C.	Creación de los reinos medo y persa.
559-530 a.C.	Reinado de Ciro II de Persia.
550 a.C.	Ciro derrota a los medos.
522-486 a.C.	Reinado de Darío I de Persia. Máxima extensión del imperio.
486-465 a.C.	Reinado de Jerjes I.
331-330 a.C.	Conquista de Persia por Alejandro Magno. Quema de Persépolis.

PRÓXIMO ORIENTE

2000 a.C.	1000 a.C.	500 a.C.	1 d.C.	500 d.C.

Los griegos en guerra

Mapa de Grecia

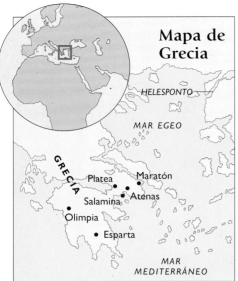

HELESPONTO

MAR EGEO

GRECIA

Platea
Salamina • Atenas
Maratón
Olimpia
• Esparta

MAR MEDITERRÁNEO

Soldados y ejércitos

Las ciudades-estado tenían ejércitos y con frecuencia combatían entre sí. Los soldados más importantes eran los hoplitas, que luchaban a pie y estaban muy bien armados.

Un grupo de hoplitas (soldados de a pie) cargando contra el enemigo.

Los hoplitas combaten formados en hileras muy juntas. Una formación de hoplitas es una falange.

Cresta de pelo de caballo

Yelmo de cobre

Lanza

Escudo de bronce, madera y cuero

Peto de bronce y cuero

Espada

Greba de bronce (protege la pierna)

Un hoplita griego

Los soldados marcan el paso al son de la flauta.

Los soldados que van al frente bajan las lanzas.

Si este soldado muere, el que va detrás ocupa su puesto.

Una barrera de escudos superpuestos protege a los soldados.

Con la desaparición de la civilización micénica (ver página 27) la vida se hizo difícil para los habitantes de Grecia. Se dedicaban a producir comida y fueron olvidando todos sus conocimientos, incluso la escritura. Este periodo es la Época Oscura de Grecia.

Nave comercial griega

A partir del 800 a.C. los griegos empezaron a prosperar gracias al comercio con otras regiones y formaron pequeñas ciudades-estado con costumbres y gobernantes propios. Cada ciudad-estado comprendía la ciudad y los campos de cultivo que la rodeaban. Las principales fueron Atenas y Esparta.

Esparta

Los guerreros más fieros de Grecia eran los de Esparta. Todos los hombres espartanos eran soldados hasta la muerte y pasaban toda la vida adiestrándose y combatiendo.
A los siete años, los niños eran arrancados de sus madres para comenzar su adiestramiento.
Las niñas también tenían que mantenerse fuertes para que sus hijos nacieran saludables.

Figurilla de una joven corredora espartana.

Estatua de bronce de un guerrero espartano.

El primer maratón

En el 490 a.C. Grecia fue invadida por los persas. Los griegos se defendieron y salieron victoriosos en una dura batalla librada en Maratón. Un mensajero corrió 32 km para llevar la buena noticia a Atenas y al llegar, murió de agotamiento. Este célebre suceso da nombre al maratón moderno.

El primer corredor del maratón

El contraataque persa

Los persas volvieron a atacar en el 480 a.C. Construyeron un puente de barcas atadas con cuerdas para cruzar el brazo de agua del Helesponto, siguieron avanzando por territorio griego y destruyeron la ciudad de Atenas.

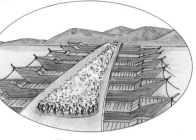

El ejército persa cruza el Helesponto

La victoria griega

Los griegos ganaron una gran batalla naval cerca de la isla de Salamina. Atraparon la flota persa en un canal estrecho y hundieron más de 200 naves enemigas. En otra importante batalla terrestre cerca de Platea el ejército griego dió el golpe de gracia a los persas.

Las flotas de guerra griega y persa se enfrentan en la batalla naval de Salamina.

Las naves que llevan tres filas de remos se llaman trirremes. Todas las embarcaciones de la ilustración son trirremes.

Antes de la batalla recogen la vela y el mástil y los guardan aquí.

Esta nave se hunde tras recibir una embestida.

Hay 170 remeros en cada embarcación.

Las naves persas están adornadas con una cabeza de dragón.

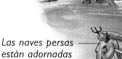

Hay dos remos en la popa para gobernar la nave.

Los arqueros se esconden detrás de una barrera de escudos.

Hoplitas griegos arrojan lanzas a los persas.

Arquero griego

El espolón de bronce hace añicos el costado de la nave persa.

Los ojos pintados sirven para asustar al enemigo y para que el barco "vea" a dónde va.

Los remeros griegos hacen avanzar la nave a toda velocidad.

EUROPA

La vida en Grecia

A pesar de las frecuentes guerras, los griegos consiguieron crear una de las civilizaciones más importantes de la Historia. Ahora llamamos Época Clásica al periodo comprendido entre los años 500 y 350 a.C.

La vida en familia

Mientras el hombre griego salía a trabajar, comprar o reunirse con los amigos, la mujer permanecía en el hogar, cuidando a los niños y supervisando a los esclavos.

Un banquete en el andrón, la sala-comedor de los hombres.

Músicos

Los esclavos sirven la comida.

Los hombres visten una túnica llamada himatio.

Tajadas de jabalí asado

Vino mezclado con agua

Pan de cebada

Pulpo frito

Corte de una casa perteneciente a una familia griega acomodada.

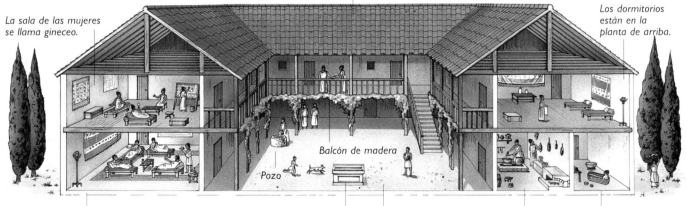

El tejado está hecho con tejas de barro cocido.

La sala de las mujeres se llama gineceo.

Los dormitorios están en la planta de arriba.

Balcón de madera

Pozo

La sala donde comen los hombres se llama andrón.

Por la mañanas la familia se reúne ante el altar para rezar.

Patio adoquinado

Los esclavos preparan la comida en la cocina.

Cuarto de baño con bañera de terracota.

Mujeres griegas en el gineceo, donde pasaban gran parte del día.

Las mujeres tejen tapices para decorar las paredes.

Una muchacha hilando lana.

Espejo

Frasco de perfume

Las mujeres visten una túnica llamada quitón.

La escuela

Los hijos de las familias ricas iban a la escuela a los siete años. Aprendían a leer y escribir y estudiaban matemáticas, música, poesía, danza y deporte (atletismo). Las niñas eran educadas en casa por sus madres.

Pintura en un vaso griego de un niño aprendiendo a leer.

Los Juegos Olímpicos

Los hombres de la Grecia clásica fueron muy aficionados al atletismo y en todo el país se organizaban competiciones. La más importante fue la de los Juegos Olímpicos, celebrados cada cuatro años en Olimpia como parte de las festividades en honor de Zeus, rey de los dioses.

Discóbolo

Carrera de caballos

Las pruebas principales de los Juegos Olímpicos eran: carrera, salto, boxeo, lucha, carreras de caballos y de carros y lanzamientos de disco y jabalina. En una de las carreras los atletas tenían que llevar un yelmo de bronce, grebas y un pesado escudo.

Atleta con yelmo, escudo y grebas.

El teatro

Los antiguos griegos escribieron las primeras grandes obras teatrales, que formaban parte de las celebraciones religiosas en honor de los dioses. Las festividades duraban varios días y la mejor obra recibía un premio.

Los actores griegos llevaban máscaras para mostrar el carácter de los personajes que interpretaban.

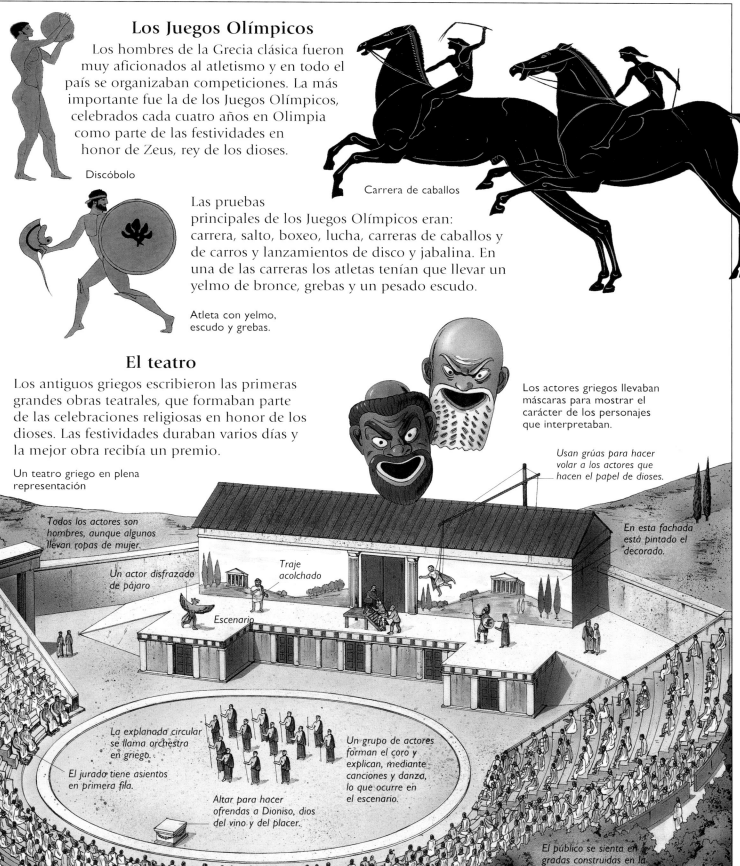

Un teatro griego en plena representación

Usan grúas para hacer volar a los actores que hacen el papel de dioses.

Todos los actores son hombres, aunque algunos llevan ropas de mujer.

En esta fachada está pintado el decorado.

Un actor disfrazado de pájaro

Traje acolchado

Escenario

La explanada circular se llama orchestra en griego.

El jurado tiene asientos en primera fila.

Un grupo de actores forman el coro y explican, mediante canciones y danza, lo que ocurre en el escenario.

Altar para hacer ofrendas a Dioniso, dios del vino y del placer.

El público se sienta en gradas construidas en la pendiente de la colina.

EUROPA

2000 a.C.   1000 a.C.   500 a.C.   1 d.C.   500 d.C.

La ciudad de Atenas

Tras las guerras con Persia los griegos temían nuevos ataques enemigos. Siguiendo el modelo ateniense, muchas de las ciudades-estado se unieron para defenderse y Atenas llegó a poseer una gran flota naval.

Pericles

Atenas se convirtió en una ciudad próspera y poderosa con el aumento de la actividad comercial. Pericles, un destacado líder ateniense, empleó las nuevas riquezas en su reconstrucción.

En la ilustración, el ágora (mercado) del centro de Atenas.

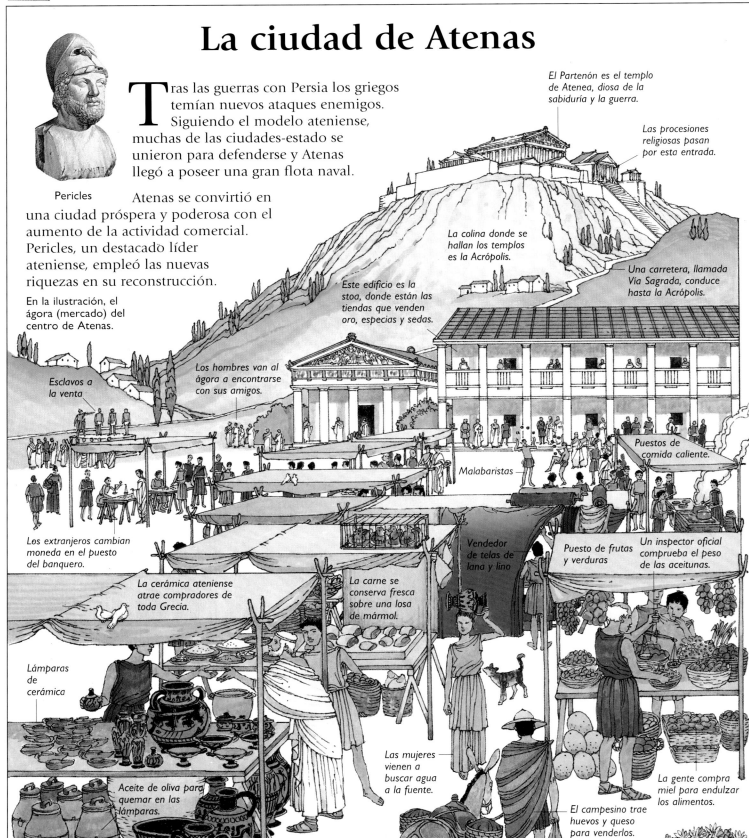

El Partenón es el templo de Atenea, diosa de la sabiduría y la guerra.

Las procesiones religiosas pasan por esta entrada.

La colina donde se hallan los templos es la Acrópolis.

Una carretera, llamada Vía Sagrada, conduce hasta la Acrópolis.

Este edificio es la stoa, donde están las tiendas que venden oro, especias y sedas.

Los hombres van al ágora a encontrarse con sus amigos.

Esclavos a la venta

Puestos de comida caliente.

Malabaristas

Los extranjeros cambian moneda en el puesto del banquero.

Vendedor de telas de lana y lino

Puesto de frutas y verduras

Un inspector oficial comprueba el peso de las aceitunas.

La cerámica ateniense atrae compradores de toda Grecia.

La carne se conserva fresca sobre una losa de mármol.

Lámparas de cerámica

Aceite de oliva para quemar en las lámparas.

Las mujeres vienen a buscar agua a la fuente.

La gente compra miel para endulzar los alimentos.

El campesino trae huevos y queso para venderlos.

Los hombres son quienes suelen hacer la compra.

Venta de flores

EUROPA

10000 a.C.   5000 a.C.   4000 a.C.   3000 a.C.

Poder para el pueblo

Todos los hombres libres participaban en el gobierno de Atenas. Se reunían cada diez días para debatir leyes y votaban para tomar decisiones. Este tipo de organización política se llama democracia, que significa "gobierno de la gente". Las mujeres, los extranjeros y los esclavos no tenían voto.

Atenienses escuchando el discurso de un político.

Hermosos edificios

Los griegos edificaron templos magníficos en mármol blanco y reluciente. La parte superior solía ser triangular y descansaba sobre hileras de columnas. La arquitectura griega ha sido imitada en todo el mundo.

Dórico   Jónico   Corintio

Los tres estilos de columna griega

El Partenón de Atenas es un ejemplo típico de templo griego.

Las ciencias y el saber

Los pensadores griegos trataron de determinar cómo debía actuar el hombre. Los dos filósofos más célebres, Sócrates y Platón, vivieron en Atenas.

Platón

Sócrates

Los científicos griegos trataron de comprender el mundo. Estudiaron el cuerpo humano, las plantas, los animales, el Sol y las estrellas.

Las reglas matemáticas que descubrió Pitagoras siguen en uso hoy en día.

Manuscrito con ideas de Pitágoras sobre los triángulos.

Un griego llamado Herodoto escribió el primer libro de Historia sobre las guerras con Persia, llamadas guerras médicas.

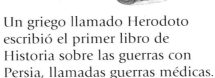

Herodoto entrevistó a los sobrevivientes de las guerras médicas.

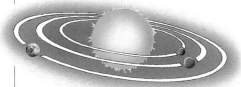

Un astrónomo griego descubrió que la Tierra se mueve alrededor del Sol.

Guerra con Esparta

Algunas de las ciudades-estado se inquietaron al ver crecer el poder de Atenas. En el 431 a.C. Atenas y Esparta se enfrentaron y las otras ciudades-estado se sumaron al conflicto dando lugar a una serie de guerras, las guerras del Peloponeso, que duraron 27 años. Atenas fue derrotada, pero las ciudades-estado quedaron agotadas y sin fuerza.

Pintura en una cerámica de dos soldados griegos.

Alejandro Magno

Alejandro montado en su caballo Bucéfalo.

Mapa del imperio de Alejandro Magno

Máxima expansión del imperio de Alejandro Magno

Ruta alejandrina

L as ciudades-estado griegas continuaron luchando entre sí, incluso después de las Guerras del Peloponeso, sin prestar atención a lo que ocurría al norte, en el reino de Macedonia.

El rey Filipo II de Macedonia

El rey Filipo II de Macedonia había formado un ejército formidable y muy bien adiestrado, con el que emprendió la conquista de las ciudades-estado griegas. En el año 338 a.C. ya era dueño de toda Grecia. Poco después fue asesinado y su hijo Alejandro, de 20 años de edad ocupó el trono.

Las conquistas de Alejandro

Alejandro fue un comandante genial. Bajo su mando, el ejército macedonio recorrió más de 32.000 km y conquistó el imperio más extenso del mundo antiguo. Ha pasado a la historia con el nombre de Alejandro Magno.

Alejandro, representado en un mosaico.

1. Alejandro atacó el puerto de Tiro arrojando rocas con catapultas desde sus naves. Tras varios meses de asedio, la ciudad fue capturada.

2. Los egipcios aceptaron la conquista de Alejandro. En el oasis de Siwa fue recibido como hijo del dios Amón.

3. Alejandro derrotó a los persas en el 331 a.C. Más tarde, su ejército capturó y prendió fuego al palacio de Persépolis.

4. En la India, Alejandro derrotó al ejército del rey Poro, que tenía centenares de elefantes de guerra.

Alejandría

Alejandro mandó edificar ciudades al estilo griego por todo su imperio y bautizó a muchas de ellas con su propio nombre. La más famosa fue Alejandría, en Egipto. Sabios del mundo griego acudieron a Alejandría para estudiar y discutir nuevas ideas. Allí se inventó, entre otras muchas cosas, el primer faro del mundo.

Reconstrucción del faro de Alejandría.

Estatua de Zeus, padre de los dioses

El faro de Alejandría fue una de las siete maravillas del mundo antiguo.

El fuego arde constantemente.

Los carros cargados de leña para alimentar el fuego suben por una rampa interior.

La luz se refleja en espejos de bronce y se divisa a 50 km de distancia.

El segundo nivel tiene ocho lados.

El primer nivel tiene cuatro lados.

Dentro hay dependencias para los operarios y los guardianes del faro.

Una calzada comunica el faro con la tierra firme.

La base es de bloques de piedra enormes. El resto es de mármol.

Una nave comercial regresa del Mar Negro.

Muerte de Alejandro

Alejandro tuvo que retroceder desde la India porque sus tropas estaban exhaustas y se negaban a seguir avanzando. Murió de unas fiebres poco después de llegar a Babilonia. Acababa de cumplir los 33 años.

Estatua de Alejandro vestido con una piel de león.

El legado de Alejandro

Tras la muerte de Alejandro sus generales lucharon por el control del imperio. Antígono se apoderó de Grecia y Macedonia; Tolomeo consiguió Egipto, donde sus descendientes gobernaron 300 años; el

Relieve egipcio de Tolomeo

resto fue al poder de Seleuco con el nombre de imperio seleúcido. Posteriormente, los tres reinos fueron conquistados por los romanos.

Fechas clave

h.1100-800 a.C.	Época Oscura de Grecia.
h.776 a.C.	Primeros Juegos Olímpicos.
h.508 a.C.	Comienzo de la democracia en Atenas.
490-479 a.C.	Guerras médicas.
461-429 a.C.	Época de Pericles en Atenas.
447-438 a.C.	Construcción del Partenón.
431-404 a.C.	Guerras del Peloponeso.
338 a.C.	Filipo II de Macedonia se adueña de Grecia.
336-323 a.C.	Alejandro gobierna Grecia y funda un imperio.
323-281 a.C.	Lucha entre los generales de Alejandro y división del imperio.
146 a.C.	Grecia pasa a formar parte del imperio romano.

EUROPA

2000 a.C.　　　　1000 a.C.　　　500 a.C.　　　1 d.C.　　　500 d.C.

57

Los jinetes de las llanuras

Entre las muchas tribus que recorrían las llanuras de Asia central se destacó la de los escitas, que eran magníficos jinetes. Hacia el 700 a.C. los escitas habían ocupado las tierras al norte del Mar Negro tras conquistar a sus moradores.

Jinete escita

Mapa del mundo escita

MAR NEGRO

GRECIA

IMPERIO PERSA

MAR MEDITERRÁNEO

Territorios escitas

Zonas pobladas por los griegos

Escitas combatiendo

Cruentas batallas

Los guerreros escitas eran expertos en el combate a caballo. También eran excelentes arqueros y luchaban con lanzas y hachas de guerra. Se servían de las calaveras enemigas para hacer copas con las que brindaban al terminar la batalla.

Vida nómada

Los escitas criaban caballos y tenían rebaños de ovejas. Eran nómadas que no se asentaban en un sitio fijo sino que se desplazaban en busca de pastos para sus animales. Vivían en tiendas que podían desmontar y transportar consigo.

Un campamento escita e interior de una de las tiendas.

Este esclavo es un soldado asirio que fue hecho prisionero.

Las tiendas son de fieltro.

Las tiendas grandes tienen dos o tres habitaciones.

Esta mujer prepara un guiso de carne.

La muchacha está bordando.

Mesa de madera tallada.

El interior está cubierto con alegres tapices.

La tienda está decorada con cojines y alfombras.

Olla de cobre

El niño bebe leche de yegua.

Los recipientes son de cuero, arcilla o madera.

Esta mujer cose trozos de fieltro en una tela para hacer un tapíz.

10000 a.C.	5000 a.C.		4000 a.C.	3000 a.C.

Muerte y sepultura

Los jefes escitas eran enterrados con sus posesiones más valiosas bajo un gran túmulo, llamado kurgan. Pasado un año eran sacrificados 50 hombres con sus caballos y todos ellos eran depositados alrededor del túmulo.

Esta escena representa el cortejo fúnebre de un jefe escita.

Sobre la tumba del jefe será construido un túmulo (o kurgan) como éste.

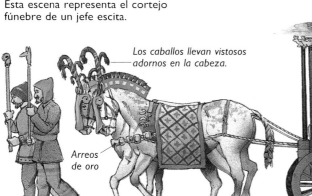

Peine de oro hallado en una tumba escita.

Los caballos llevan vistosos adornos en la cabeza.

Arreos de oro

Estos sirvientes serán sacrificados para que sigan atendiendo a su jefe en el Más Allá.

Los caballos del jefe serán sacrificados y enterrados con él.

El cadáver lleva numerosos anillos, brazaletes y collares de oro.

La esposa del jefe.

La gente se afeita los cabellos y se hace cortes en señal de duelo.

Este hombre va a cortarse una oreja.

Los jinetes agrupan el rebaño al galope.

Este niño está aprendiendo a manejar el arco y las flechas.

En invierno llevan ropa de abrigo hecha de lana, piel, fieltro o cuero.

Abrigo de piel de oveja.

Estos hombres salen a cazar ciervos y liebres.

Las flechas van en el carcaj.

Este hombre prepara una piel de animal para hacer cuero.

Este hombre está fabricando un arco.

Prosperidad y conquista

Los escitas vendían a los griegos el trigo cultivado por los campesinos de las tierras conquistadas. Compraban metales preciosos a los mercaderes del Asia central y exigían pago a las caravanas que atravesaban su territorio.

El dominio de los escitas empezó a decaer hacia el 300 a.C. Acabaron siendo conquistados por el rey Mitrídates, soberano de los territorios al sur del Mar Negro.

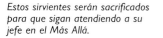

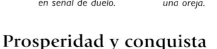

Fechas clave

h.700-600 a.C.	Los guerreros escitas hacen incursiones en territorios vecinos.
514 a.C.	Los escitas rechazan un ataque persa.
h.400-300 a.C.	Época de prosperidad para los escitas.
110-106 a.C.	Los escitas son conquistados.

EUROPA

Los primeros pobladores de China

Cerámica primitiva china

| Dominios de la dinastía Chang |

Río Amarillo

MAR AMARILLO

Río Yang-Tze

Cerámica primitiva china

Mapa de China

Gusanos de seda

Capullo de seda

El gusano de seda se alimenta de hojas de morera.

Los capullos se aclaran en agua caliente para sacar los hilos de seda.

Esta mujer sopla por una caña para avivar el fuego.

Método empleado para devanar los capullos de seda.

El hilo de seda procede de los capullos que fabrican los gusanos de seda para protegerse cuando se transforman en mariposas. Los chinos inventaron la manera de devanar los capullos e hilar seda para producir tejidos de gran suavidad.

China está rodeada de montañas, desiertos y mares que la mantuvieron aislada del resto del mundo durante miles de años. La forma de vida que se desarrolló en China fue muy diferente de la de otros lugares del mundo antiguo.

Los primeros campesinos

Los chinos comenzaron a trabajar la tierra alrededor del 5000 a.C. A orillas del río Amarillo cultivaban mijo (un tipo de cereal), frutas, frutos secos y verduras y también criaban cerdos, perros y pollos. A orillas del Yang-Tze cultivaban arroz porque había más agua y el clima era templado.

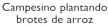

Campesino plantando brotes de arroz

Los primeros campesinos construyeron poblados, trabajaron la tierra con herramientas de piedra y crearon bellas cerámicas decoradas.

Aldea de antiguos agricultores chinos. El corte deja ver el interior de una de las viviendas.

Casa de reuniones para los aldeanos

Hay una abertura en el techo para que salga el humo.

Tejado de paja

Las casas están semiexcavadas en el suelo.

Las paredes son de madera y barro.

El foso protege la aldea de los animales salvajes.

Los hombres vuelven de cazar y pescar.

Pocilga

Guardan el mijo en pozos subterráneos.

La dinastía Chang

Hacia el 1765 a.C. gran parte de China estaba gobernada por reyes de una dinastía llamada Chang. Los reyes eran enterrados en fosas enormes con sus posesiones más valiosas. Un buen número de personas y animales eran sacrificados y enterrados en el mismo lugar.

Funeral de un rey de la dinastía Chang

Estos criados han sido sacrificados para que sirvan al rey en el Más Allá.

Los caballos bajan por la rampa que conduce a la fosa.

El cadáver del rey

El carro de guerra y los caballos del rey son enterrados a su lado.

Vasijas de bronce y ornamentos tallados en jade.

Después de la ceremonia, los esclavos rellenan la fosa con tierra.

Reyes y nobles

Hacia el 1027 a.C. los reyes Chang fueron conquistados por otra dinastía, la de los Zhou. Los nuevos reyes permitían a las familias nobles la posesión de tierras a cambio de lealtad y ayuda en tiempos de guerra.

Un noble Zhou en su carro de guerra.

Al hacerse más poderosa la nobleza, la dinastía Zhou comenzó a perder autoridad. Los nobles crearon pequeños reinos que guerreaban continuamente para extender sus territorios.

Confucio

En aquella época turbulenta vivió un pensador llamado Kung Fu-tzu (Confucio). Sus enseñanzas aconsejaban mejor comportamiento entre las gentes para que no hubiera guerras, que el pueblo obedeciera a los gobernantes y que éstos trataran favorable-mente al pueblo.

Confucio

Conquista de los metales

Los artesanos de la época Chang sabían hacer armas y objetos de bronce. Se han hallado calderos de bronce finamente decorados donde se preparaban ofrendas de comida y vino para rendir culto a los antepasados, que eran considerados dioses.

Caldero de bronce

Escritura en hueso

La escritura se empezó a practicar en China hacia el 1400 a.C. Para predecir el futuro los sacerdotes escribían preguntas en huesos oraculares. Los calentaban hasta que aparecían grietas y al interpretar su forma, encontraban las respuestas a sus preguntas.

Antigua escritura china

Hueso oracular

El primer emperador chino

Qin Shi-Huang Ti

En torno al 480 a.C. China estaba formada por siete reinos en guerra permanente. El reino de Qin (se pronuncia "chin") logró conquistar a los demás en el año 221 a.C. El rey de Qin dominó la totalidad del imperio chino y adoptó el nombre Qin Shi-Huang Ti, que significa "primer emperador de China".

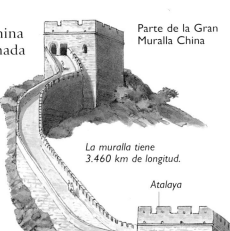

Parte de la Gran Muralla China

La muralla tiene 3.460 km de longitud.

Atalaya

Un noble chino

La Gran Muralla China

Para proteger su imperio de los ataques de las tribus del norte, Shi-Huang Ti mandó construir una gran muralla uniendo los fragmentos de otras murallas levantadas por reyes anteriores. La Gran Muralla China es la obra humana de mayores dimensiones

La nobleza bajo control

Para evitar que los nobles poderosos se rebelaran contra él, Shi-Huang Ti ordenó que se trasladaran a la capital del imperio, Xianyang donde podía vigilarlos de cerca. Las armas pertenecientes a los ejércitos de la nobleza fueron confiscadas y fundidas.

Un muro bajo (el parapeto) protege a los soldados de las flechas enemigas.

La señal de alarma cuando ataca el enemigo consiste en encender un fuego en lo alto de la torre.

La muralla sirve de carretera a los viajeros.

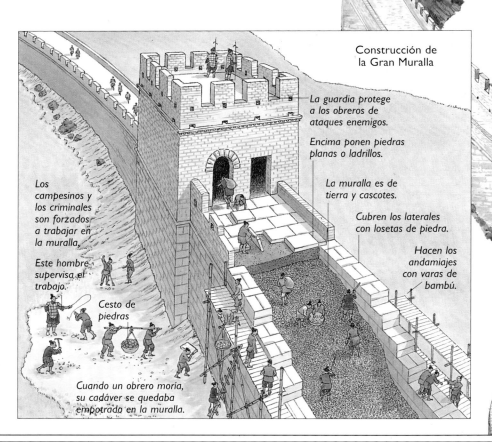

Construcción de la Gran Muralla

La guardia protege a los obreros de ataques enemigos.

Encima ponen piedras planas o ladrillos.

La muralla es de tierra y cascotes.

Cubren los laterales con losetas de piedra.

Hacen los andamiajes con varas de bambú.

Los campesinos y los criminales son forzados a trabajar en la muralla.

Este hombre supervisa el trabajo.

Cesto de piedras

Cuando un obrero moría, su cadáver se quedaba empotrado en la muralla.

10000 a.C.   5000 a.C.   4000 a.C.   3000 a.C.

El castigo imperial

Shi-Huang Ti gobernó con crueldad, obligando al pueblo a obedecer las leyes a la fuerza y castigando la desobediencia con gran severidad. Ordenó quemar los libros que no compartían sus ideas y enterrar vivos en una fosa a los eruditos que protestaran.

La quema de los libros

Los eruditos son arrojados a una fosa.

Un imperio unido

Shi-Huang Ti mandó construir carreteras y canales para unir todos los rincones de su imperio. También ordenó que todos los habitantes usaran la misma moneda y los mismos pesos y medidas. Así resultaba más fácil practicar el comercio.

Monedas chinas

Para asegurarse de que todo el mundo comprendía sus mandatos, Shi-Huang Ti ordenó el uso de una sola escritura en todo el imperio.

Este símbolo chino significa "por orden del emperador".

Mapa de China

Imperio de Qin-Shi Huangti
Gran Muralla China

Río Amarillo

MAR AMARILLO

Xianyang

Río Yang-Tze

El ejército de terracota

Shi-Huang Ti murió en el 210 a.C. y fue enterrado en una gran tumba protegida por un ejército de más de 7.500 estatuas de guerreros de terracota (arcilla cocida) de tamaño natural. Llevaban armas de verdad y parece ser que las ballestas estaban en posición de tiro para eliminar automáticamente a quien tratara de saquear la tumba.

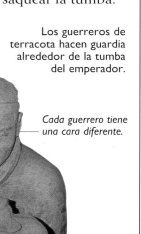

Los guerreros de terracota hacen guardia alrededor de la tumba del emperador.

Cada guerrero tiene una cara diferente.

| 2000 a.C. | 1000 a.C. | 500 a.C. | I d.C. | 500 d.C. |

La dinastía Han

Figurita tallada
en madera de
un noble Han

Al poco de morir
el primer
emperador,
estallaron una serie
de rebeliones que
acabaron con el
imperio. En el
202 a.C. el soldado
Liu Bang tomó
control del país y
se convirtió en el
primer emperador
de la dinastía Han,
que se mantuvo en
el poder 400 años.

Asuntos oficiales

Un funcionario con sus sirvientes

Los emperadores Han tenían gran
número de funcionarios que
ayudaban a administrar el imperio.
Se encargaban de recaudar
impuestos, mantener las carreteras
y canales y hacer cumplir las leyes.

Exámenes difíciles

Para llegar a ser funcionario del
emperador, había que hacer
exámenes y contestar preguntas
sobre poesía antigua y las
enseñanzas de Confucio.

Aspirantes a funcionarios
haciendo un examen.

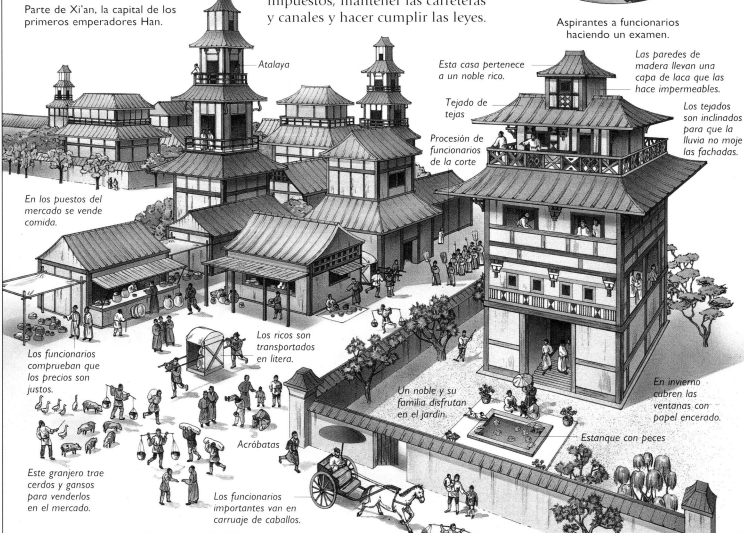

Parte de Xi'an, la capital de los
primeros emperadores Han.

Atalaya

Esta casa pertenece
a un noble rico.

Tejado de
tejas

Procesión de
funcionarios
de la corte

Las paredes de
madera llevan una
capa de laca que las
hace impermeables.

Los tejados
son inclinados
para que la
lluvia no moje
las fachadas.

En los puestos del
mercado se vende
comida.

Los funcionarios
comprueban que
los precios son
justos.

Los ricos son
transportados
en litera.

Un noble y su
familia disfrutan
en el jardín.

En invierno
cubren las
ventanas con
papel encerado.

Estanque con peces

Acróbatas

Este granjero trae
cerdos y gansos
para venderlos
en el mercado.

Los funcionarios
importantes van en
carruaje de caballos.

La ruta de la seda

En torno al año 105 a.C. los mercaderes chinos comenzaron a cruzar Asia para comerciar con mercaderes de occidente. Las caravanas de camellos transportaban sedas, especias y piedras preciosas por una vía comercial llamada ruta de la seda, que se extendía desde China hasta el Mediterráneo.

Estandarte chino de seda

Mapa de China

A OCCIDENTE

Río Amarillo

Xi'an
Luoyang

Río Yang-Tze

MAR
AMARILLO

MAR DE
CHINA MERIDIONAL

■ Imperio Han
→ Ruta de la seda

Tumbas y tesoros

Las tumbas de los Han contenían todo lo que pudieran necesitar en el Más Allá: ropa, comida, medicinas y vajilla. Un príncipe y su esposa fueron amortajados en jade (una piedra dura de color verde) en un intento de evitar la corrupción de sus cadáveres.

Cuenco de madera lacada.
La capa de laca da brillo.

Guerras y rencillas

La dinastía Han tuvo que defender el imperio de las incursiones que hacían las tribus de los hunos desde el norte. Los hunos terminaron por abandonar sus ataques sobre China y se dirigieron a occidente.

Sin embargo, el poder del emperador empezó a debilitarse a causa de las rencillas entre la familia real y los cortesanos. En el año 220 d.C. el último emperador Han abandonó el trono y el imperio se desmoronó.

Mortaja de jade de la
princesa Tou Wan

*La mortaja está hecha con 2.000
piezas de jade pulimentado unidas
con alambre de oro.*

Fechas clave

h.5000 a.C.	Inicio de la agricultura en China.
h.4000 a.C.	Cultivo del arroz.
h.2700 a.C.	Elaboración de la seda.
1766-1027 a.C.	Dinastía Chang
h.1400 a.C.	Escritura en huesos oraculares
1027-221 a.C.	Dinastía Zhou
h.722-481 a.C.	Los reyes Zhou pierden poder. Los nobles luchan entre sí.
551 a.C.	Nacimiento de Confucio
481-221 a.C.	Siete reinos en guerra (Época de los Reinos Combatientes)
2221-210 a.C.	Qin Shi-Huang Ti es el primer emperador de China.
202 a.C.-220 d.C.	Dinastía Han
h.1-100 d.C.	El budismo se extiende de la India a China (ver página 70).
h.100 d.C.	Invención del papel

Inventos

Los chinos inventaron el papel. Para fabricarlo, sumergían una rejilla de bambú en una pasta hecha de corteza de árbol, plantas y trapos machacados y dejaban que una capa fina de esta mezcla se secara en la rejilla.

Muchas cosas que todavía siguen en uso, como la brújula, la carretilla y el timón para gobernar los barcos, fueron inventadas por científicos chinos.

Fabricación
del papel

Rejilla de
bambú

Pasta

*Al temblar la Tierra,
una bolita cae en
la boca del sapo
e indica la
dirección del
terremoto.*

Ingenio chino para
detectar terremotos

LEJANO ORIENTE

Los pobladores del antiguo Japón

Vaso Jomon

Entre los años 9000 a.C. y 500 a.C. los pobladores de Japón vivían de la caza, la pesca y la recolección de semillas y frutas silvestres. No cultivaban la tierra porque tenían abundantes fuentes de sustento a su alcance. Este largo espacio de tiempo es el periodo Jomon.

MAR DEL JAPÓN

JAPÓN

OCÉANO PACÍFICO

Mapa de Japón

▨ Región habitada por la tribu Yamato

Tumbas y guerreros

Los primeros emperadores Yamato se hicieron enterrar en tumbas de piedra bajo unos enormes túmulos de tierra con forma de ojo de cerradura. Alrededor de las tumbas se han hallado estatuillas de guerreros de arcilla haciendo guardia.

Tumba de un emperador Yamato.

El túmulo tiene forma de ojo de cerradura y mide 485 m de largo.

Entrada

El túmulo está rodeado de agua.

Poblado típico del periodo Jomon.

Cabañas con paredes de paja sostenidas con ramas.

Los cazadores han capturado un jabalí.

Este hombre trata de pescar un atún.

Una muchacha recoge mariscos.

Esta mujer enrosca tiras de arcilla para hacer un cacharro.

Confeccionan sus vestidos con pieles de animales.

Esta mujer prepara la comida.

Espinas de pescado y conchas de marisco amontonadas.

Estatuilla (o haniwa) de un guerrero Yamato.

Campana de bronce

Nuevas técnicas

Hacia el 500 a.C., se establecieron en Japón pueblos procedentes del interior de Asia que trajeron consigo las técnicas del cultivo del arroz y el trabajo del metal. Vivían en tribus gobernadas por caudillos.

Los primeros emperadores

Poco a poco la tribu Yamato se fue imponiendo sobre todas las demás. Los caudillos Yamato fueron los primeros emperadores de Japón y durante su gobierno adoptaron la escritura y otras innovaciones procedentes de China.

Los japoneses creían que sus emperadores eran descendientes de la diosa Sol.

Fechas clave

h.9000-500 a.C.	Los pobladores viven de la caza y la pesca. Periodo Jomon.
h.500 a.C.-300 d.C.	Cultivo del arroz y trabajo del metal. Periodo Yayoi.
h.300-500 d.C.	Los caudillos Yamato controlan la zona central de Japón.
h.450 d.C.	Se adopta la escritura procedente de China.

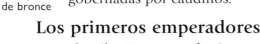

JAPONESES

10000 a.C.   5000 a.C.   4000 a.C.   3000 a.C.

Las riquezas de Arabia

Los desiertos de Arabia se cuentan entre los parajes más secos y calurosos de la Tierra. Los habitaban un puñado de tribus nómadas que se desplazaban de un lugar a otro en busca de agua.

Los nómadas árabes vivían en tiendas.

En torno al 1000 a.C. los árabes domesticaron el camello y pudieron hacer expediciones más largas por el desierto.

Un camello puede resistir ocho días sin beber agua.

Reinos del sur

Surgieron varios reinos a lo largo de la costa sur de Arabia, donde llovía con mayor frecuencia. El más famoso fue el reino de Saba con capital en Marib, donde había un gran embalse para controlar el suministro de las aguas.

La Biblia cuenta que la reina de Saba hizo una visita al rey Salomón de Israel.

Mapa de Arabia

Petra
NABATEA
ARABIA
SABA
Marib
A LA INDIA
OCÉANO ÍNDICO
ÁFRICA

→ Ruta comercial

Perfumes embriagadores

En los reinos del sur crecían dos tipos de árbol que producían unas resinas especiales utilizadas para elaborar incienso y mirra, que dan un grato perfume al arder.

Recogida de la resina para hacer incienso.

En todo el mundo antiguo existía la costumbre de quemar incienso durante las ceremonias religiosas como ofrenda a los dioses. También se empleaba para fabricar perfumes y medicinas.

Un sacerdote egipcio quemando incienso.

Mercaderes árabes con sus camellos.

Rutas de las riquezas

Las especias y joyas traídas por mercaderes de la India a los puertos de la costa sur de Arabia eran transportadas por comerciantes árabes a Egipto o al Mediterráneo y vendidas a buen precio.

La ciudad de Petra

En el extremo norte de las rutas comerciales se encontraba el reino de Nabatea. La capital era Petra, construida en un valle estrecho entre montañas escarpadas.

Las espectaculares tumbas de los ciudadanos ricos de Petra estaban excavadas en la roca viva.

Fechas clave

h.1000 a.C. Los árabes domestican el camello.

h.500 a.C.- El reino de Saba alcanza
100 d.C. máximo esplendor.

h.100 a.C.- Época en que florece el
150 d.C. reino de Nabatea.

PRÓXIMO ORIENTE

ÁRABES

2000 a.C.   1000 a.C.   500 a.C.   1 d.C.   500 d.C.

La vida en África

Cerámica kushita

Hace miles de años el desierto del Sahara era una zona con lagos y vegetación. Sus habitantes cazaban toros salvajes, jirafas, hipopótamos y rinocerontes. Alrededor del 6000 a.C., los saharianos aprendieron a domesticar a los animales y se convirtieron en pastores de rebaños.

Pintura rupestre de pastores saharianos con ganado.

Un cambio de clima hacia el 4000 a.C. transformó el Sahara en una zona seca y desértica. El desierto del Sahara dividió África en dos y la vida en el norte se desarrolló de manera muy diferente a la vida en el sur.

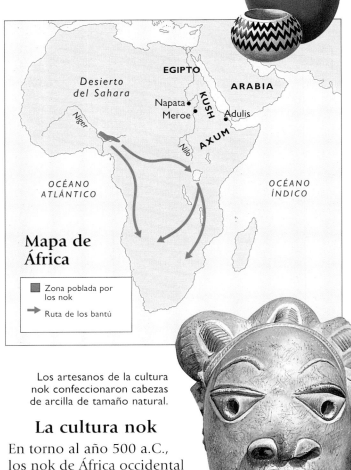

Mapa de África

- ▣ Zona poblada por los nok
- → Ruta de los bantú

Desierto del Sahara · *EGIPTO* · *ARABIA* · *Níger* · Napata · Meroe · *KUSH* · Adulis · *Nilo* · *AXUM* · *OCÉANO ATLÁNTICO* · *OCÉANO ÍNDICO*

El reino de Kush

Durante cientos de años el reino de Kush en el Valle del Nilo fue gobernado por los egipcios. En torno al 1000 a.C. los kushitas se independizaron y con el tiempo fueron ellos quienes emprendieron la conquista de Egipto.

Pintura egipcia de un prisionero de guerra kushita.

La capital del reino de Kush fue trasladada en el 590 a.C. de Napata a Meroe, donde había tierras más fértiles. Los habitantes de Meroe iniciaron la minería del hierro, con el que fabricaron armas y herramientas. El reino prosperó comerciando con la India y los países mediterráneos.

Los reyes y reinas de Meroe eran enterrados en pirámides de caras muy empinadas.

Los artesanos de la cultura nok confeccionaron cabezas de arcilla de tamaño natural.

La cultura nok

En torno al año 500 a.C., los nok de África occidental conocían el proceso de producción del hierro. Lo fundían en hornos para manufacturar herramientas agrícolas de gran resistencia que contribuyeron a su éxito como agricultores.

Horno para fundir hierro utilizado por los nok.

Dentro está la mena de hierro y el carbón que sirve de combustible.

Debajo del horno hay una cavidad donde se recoge el hierro fundido.

El fuelle sirve para bombear aire y avivar el fuego.

El aire pasa por estos tubos.

La difusión de la agricultura

Al sur del Sahara la mayoría de los pueblos eran cazadores y recolectores, a excepción de los bantú del oeste que eran agricultores. En el 500 a.C. los bantú comenzaron a desplazarse en busca de nuevas tierras y difundieron las técnicas agrícolas. En el 500 d.C. todo el continente africano conocía la agricultura.

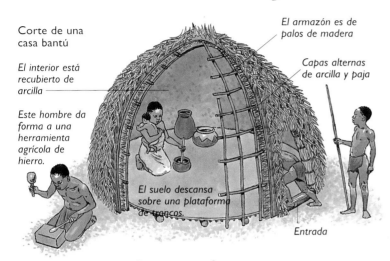

Corte de una casa bantú

El armazón es de palos de madera

El interior está recubierto de arcilla

Capas alternas de arcilla y paja

Este hombre da forma a una herramienta agrícola de hierro.

El suelo descansa sobre una plataforma de troncos.

Entrada

Las riquezas de Axum

El reino de Axum se desarrolló a orillas del mar Rojo en el año 100 d.C. Prosperó gracias al comercio con Arabia, la India y parte del imperio romano. En el puerto de Adulis hacían escala los mercaderes en sus viajes de ida y vuelta a la India.

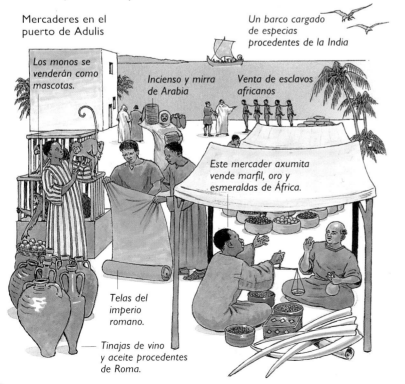

Mercaderes en el puerto de Adulis

Un barco cargado de especias procedentes de la India

Los monos se venderán como mascotas.

Incienso y mirra de Arabia

Venta de esclavos africanos

Este mercader axumita vende marfil, oro y esmeraldas de África.

Telas del imperio romano.

Tinajas de vino y aceite procedentes de Roma.

Torres de piedra

Parte de la riqueza de los reyes de Axum se empleó en la construcción de magníficos palacios y altas torres de piedra, que señalaban el lugar en que se encontraban sus tumbas.

Esta altísima torre está hecha con un sólo bloque de piedra.

Un rey cristiano

Alrededor del 320 d.C. los misioneros llevaron la religión cristiana a Axum. El rey Ezana fue el primer soberano de África que se convirtió al cristianismo. (En las páginas 88 y 89 hay más información sobre el cristianismo).

Moneda axumita de oro

La cruz es un símbolo cristiano.

Fechas clave

h.6000 a.C.	Los habitantes del Sahara domestican el ganado.
h.4000 a.C.	Desertización de la sabana sahariana.
h.1600-1000 a.C.	Egipto gobierna el reino de Kush.
h.750-664 a.C.	Los reyes kushitas conquistan y gobiernan Egipto.
h.590 a.C.	Meroe pasa a ser la capital del reino de Kush.
h.500 a.C.-200 d.C.	Esplendor de la cultura nok.
h.500 a.C.-500 d.C.	El pueblo bantú se extiende por el continente africano.
h.100-700 d.C.	Poderío y riqueza del reino de Axum.
h.330-350 d.C.	El rey Ezana gobierna Axum.

Ideas nacidas en la India

Los pueblos arios, que llegaron al valle del Indo (actual Pakistán) alrededor del 1500 a.C., fueron poblando gradualmente todo el norte de la India.

Los himnos y el hinduísmo

Los sacerdotes arios cantaban himnos a sus dioses. Al principio, los himnos fueron transmitidos oralmente porque no se conocía la escritura. Después de muchos años, los himnos se escribieron en libros sagrados llamados Vedas, que son muy importantes en el hinduismo, la religión principal de la India actual.

Siva, el destructor, es uno de los muchos dioses hindúes.

Los comienzos del budismo

Siddharta en su carro

La religión budista fue fundada por un príncipe indio llamado Siddharta Gautama. Un día que salió de palacio a dar un paseo en su carro, vio por primera vez la enfermedad, la vejez y la muerte.

Siddharta quedó muy impresionado y decidió buscar el modo de superar el sufrimiento y vivir en paz. Abandonó el palacio y se dedicó a hacer vida de asceta errante.

El asceta Siddhartha

Clases y castas

Los arios dividieron a la gente en clases sociales de acuerdo con sus profesiones. Más adelante los hijos siguieron perteneciendo a la clase de sus padres. Esta manera de agrupar a las personas se llama sistema de castas.

Los cuatro grupos principales del sistema de castas

Sacerdotes y eruditos

Guerreros y reyes

Comerciantes y agricultores

Trabajadores

Después de muchos años Siddharta comprendió que los hombres sufrían porque sólo se preocupaban de las cosas materiales y de sí mismos. Este conocimiento le convirtió en Buda, que significa "el iluminado". El pueblo acogió sus enseñanzas y el budismo se extendió a otros países.

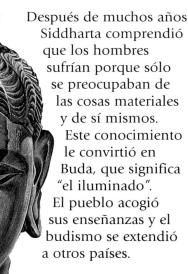

Estatua que representa la cabeza de Buda

| 10000 a.C. | 5000 a.C. | 4000 a.C. | 3000 a.C. |

Elefantes de
guerra indios

El imperio maurya

En el 500 a.C. el norte de la India
estaba salpicado de numerosos
reinos pequeños. En el 321 a.C.
el guerrero Chandragupta Maurya conquistó
uno de los reinos y gran parte de la India,
llegando a fundar el imperio maurya, que
alcanzó su máxima extensión durante el
reinado de su nieto, Asoka.

Un emperador budista

Asoka combatió once años para extender sus
dominios, pero al ver el gran número de muertos
después de una batalla, decidió convertirse al
budismo y abandonar las guerras. Asoka prometió
que gobernaría con tolerancia y mandó grabar sus
promesas en pilares de piedra por todo el imperio.

Mapa de
la India

INDO

INDIA

Ganges

• Sanchi

• Ajanta

MAR
ARÁBIGO

GOLFO DE
BENGALA

Máxima extensión
del imperio
maurya

Estos leones decoraban
uno de los pilares de
piedra de Asoka

Arte y poesía

Cuando Asoka murió, el
imperio perdió su fuerza y
acabó dividiéndose. India no
volvió a ser unificada hasta
el año 320 d.C., bajo los
nuevos emperadores de la
dinastía gupta.

El imperio gupta es famoso por sus
bellas pinturas y esculturas. En esta
época se desarrollaron la música y
la danza clásica de la India y el
poeta Kalidasa escribió sus versos
sobre la naturaleza y el amor.

Detalle de una pintura mural de las
cuevas-templo budistas en Ajanta.

Durante el reinado de Asoka se
construyeron numerosos monasterios
budistas y unos monumentos
llamados stupas en los lugares
que tenían alguna
conexión con la vida
de Buda.

El Gran Stupa
de Sanchi

Monjes
budistas

Entrada

Los relieves representan
escenas de la vida de Buda.

Balaustrada
de piedra

Fechas clave

h.1500 a.C.	Llegada de los arios.
h.560-480 a.C.	Época en que vivió Siddharta Gautama (Buda).
327-325 a.C.	Alejandro Magno intenta conquistar el norte de la India (ver páginas 56 y 57).
321 a.C.	Chandragupta Maurya establece el imperio maurya.
272-231 a.C.	Reinado del emperador Asoka.
185 a.C.	Fin del imperio maurya.
320-535 d.C.	Imperio gupta.

ASIA MERIDIONAL

2000 a.C.	1000 a.C.	500 a.C.	1 d.C.	500 d.C.

Los primeros norteamericanos

La llegada del hombre a Norteamérica se produjo hace por lo menos quince mil años, cuando la Tierra se hallaba cubierta de hielo y nieve. Los primeros grupos humanos tuvieron que atravesar a pie una franja de tierra y hielo que entonces unía Asia y América.

Las presas de los cazadores primitivos eran animales de gran tamaño: mamuts, caballos salvajes y bisontes. Hacia el año 8000 a.C. los grandes animales se habían extinguido y el hombre tuvo que practicar la caza menor y depender en mayor medida de las plantas y frutos silvestres para sobrevivir.

Caza del mamut

Plantas silvestres

Escaramujos

Ciruelas

Higo chumbo

Calabaza

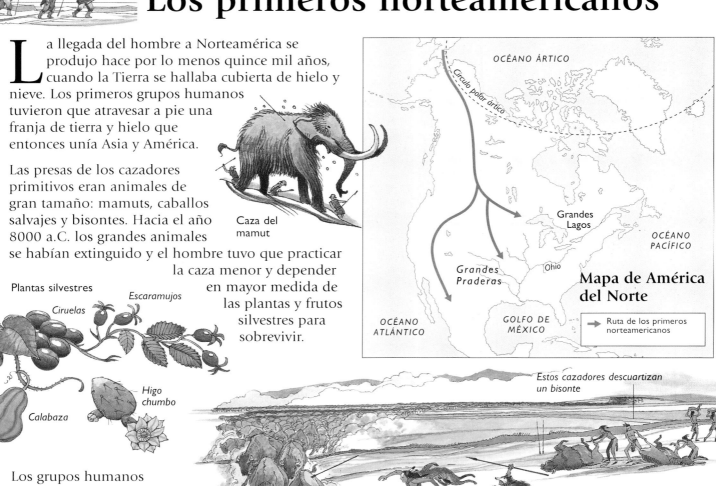

OCÉANO ÁRTICO

Círculo polar ártico

Grandes Lagos

OCÉANO PACÍFICO

Grandes Praderas

Ohio

Mapa de América del Norte

OCÉANO ATLÁNTICO

GOLFO DE MÉXICO

→ Ruta de los primeros norteamericanos

Estos cazadores descuartizan un bisonte

Los grupos humanos recorrieron llanuras, bosques, montañas, desiertos y parajes helados y al establecerse en estos lugares desarrollaron distintas formas de vida.

Caza del bisonte en la región de las Grandes Praderas

Cazadores de las praderas

El bisonte fue uno de los pocos animales de gran tamaño que no se extinguió. La carne servía de alimento a los habitantes de las Grandes Praderas y la piel, una vez raspada y limpia, se utilizaba para hacer vestidos y tiendas.

Este cazador acaba de arrojar su lanza.

Las lanzas matan algunos bisontes.

Los cazadores van disfrazados de lobos.

Mujer raspando una piel de bisonte.

Persiguen a la manada hasta el borde de un precipicio.

10000 a.C   5000 a.C.   4000 a.C.

Los cazadores del Ártico

Cuchillo de marfil para cortar hielo

Las gentes que se asentaron en el extremo norte tuvieron que sobrevivir en las heladas tierras árticas a base de la pesca y de la caza de morsas y focas.

En invierno se resguardaban en iglús, fabricados con bloques de hielo.

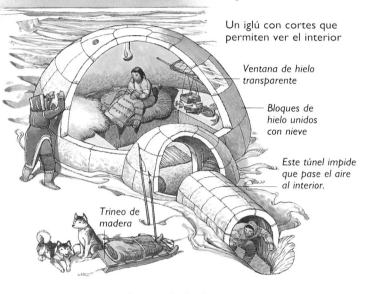

Un iglú con cortes que permiten ver el interior

Ventana de hielo transparente

Bloques de hielo unidos con nieve

Este túnel impide que pase el aire al interior.

Trineo de madera

Las tribus del desierto

Las tribus de los desiertos del suroeste vivían de la caza y de la recolección de semillas y frutos silvestres. Más adelante aprendieron a cultivar el maíz, el frijol y la calabaza.

Una tribu de indios cesteros del desierto.

Este muchacho recoge higos chumbos.

Cestos para llevar agua, forrados con gomorresina vegetal.

Llevan los hijos pequeños a cuestas, en planchas portabebés.

Esta mujer confecciona un cesto de mimbre.

Las casas están semiexcavadas en la tierra.

Los hombres vienen de cazar conejos.

Tribus de la floresta

Salida de humo

Tejado de corteza de árbol

En los bosques situados al oeste del río Ohio vivía la tribu de los indios adena, que practicaba la caza del ciervo, la pesca y la recolección de bayas silvestres. También cultivaban frijoles, calabazas y girasoles.

Vivienda adena con vista interior.

Las paredes son de mimbres entretejidos.

Los adena y los indios hopewell, una tribu posterior, son célebres por la construcción de enormes montículos de tierra con forma de pirámide o imitando la forma de animales.

El montículo de la Gran Serpiente mide 217 m de largo.

Los indios hopewell comerciaban con tribus lejanas de la región de los Grandes Lagos al golfo de México, para proveerse de cobre, conchas y dientes de caimán, con los que fabricaban collares y adornos.

Pájaro trabajado en cobre

Fechas clave

h.10000-8000 a.C.	Primeros cazadores de grandes animales de América del Norte.
h.8000-1000 a.C.	Expansión de los pobladores y nuevos modos de vida.
h.2000 a.C.	Asentamientos en el Ártico.
h.1000-300 a.C.	Tribu de los adena.
h.300 a.C.-550 d.C.	Tribu de los hopewell.
h.1-500 d.C.	Tribu de los cesteros.

AMÉRICA

2000 a.C.	1000 a.C.	500 a.C.	1 d.C.	500 d.C.

Las antiguas culturas del Perú

Verduras de
América del Sur

Patatas

Calabaza

Pimiento

Chiles

E n el año 2000 a.C. los pobladores del antiguo Perú ya estaban establecidos como agricultores y granjeros. Cultivaban maíz, pimientos, guindillas, calabazas y patatas. Criaban llamas, que además de dar carne, leche y lana, servían como animales de carga.

Llama

Mapa de Perú

OCÉANO PACÍFICO

PERÚ

Paracas

- Territorio chavín
- Territorio mochica
- Territorio nazca

Dioses y oro

En torno al 1200 a.C. los chavín crearon la primera civilización de Sudamérica. Trabajaban la piedra con gran maestría y levantaron magníficos templos llenos de esculturas y relieves de sus dioses, unos seres con apariencia de animales monstruosos. Los chavín fueron los primeros que trabajaron el oro en América.

Es posible que este adorno de oro perteneciera a un sacerdote chavín.

Telas bordadas

Bordado típico de Paracas

Los artesanos de Paracas, al sur del Perú, se destacaron por su habilidad para tejer y bordar. Este pueblo enterraba a sus muertos en cestos, con el cuerpo envuelto en varias telas bellamente bordadas.

Dibujos en el desierto

La cultura nazca es célebre por haber trazado siluetas gigantescas de animales en el desierto. Es posible que hicieran los dibujos para pedir a los dioses que enviaran lluvia.

Esta araña gigantesca mide 45 m.

Sacerdotes y cerámicas

Los mochica del norte de Perú tuvieron poderosos sacerdotes-guerreros que conquistaron tribus vecinas y sacrificaron prisioneros de guerra a sus dioses. Este pueblo es célebre por su cerámica con forma humana.

Una cerámica con forma de guerrero mochica

Fechas clave

h.2000 a.C.	Comienza el cultivo del maíz en Perú.
h.1200-300 a.C.	Civilización de los chavín.
h.500 a.C.-200 d.C.	Cultura de Paracas.
h.200 a.C.-600 d.C.	Cultura de los nazca.
h.1-700 d.C.	Cultura de los mochica.

AMÉRICA

Mazorca
de maíz

Los olmecas

Los olmecas habitaban una llanura pantanosa junto al golfo de México. La agricultura era muy importante para ellos porque no tenían animales que dieran carne. La cosecha principal era el maíz, complementada con el cultivo de frijol, calabaza, chile y aguacate.

Dioses y juegos

En el año 1200 a.C. la cultura olmeca ya había comenzado a edificar templos a sus dioses en San Lorenzo. Más tarde, tras la destrucción de este lugar, crearon un nuevo centro de culto en La Venta.

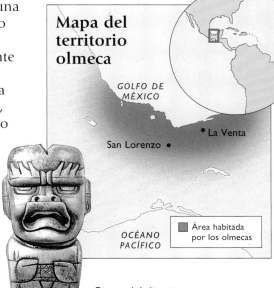

Mapa del territorio olmeca

GOLFO DE MÉXICO

• La Venta

San Lorenzo •

OCÉANO PACÍFICO

▨ Área habitada por los olmecas

Figura del dios jaguar de los olmecas

Cabezas colosales

Los olmecas son célebres por sus esculturas de enormes cabezas humanas. Algunas alcanzan los 3 m de altura y se cree que representan a sus jefes.

Esta colosal cabeza fue esculpida en un sólo bloque de piedra.

El fin de los olmecas

Los templos de La Venta fueron abandonados alrededor del 400 a.C. y los olmecas desaparecieron, aunque sus costumbres influenciaron a muchos pueblos posteriores (ver páginas 76 y 77).

Ceremonia religiosa en La Venta

Se cree que este mosaico podría representar el rostro del dios jaguar.

Acaban de terminar el mosaico

Sacerdote

Bloques de piedra verde

Arcilla azul

Inmediatamente cubren el mosaico con tierra. Es tan sagrado que no debe ser visto.

Como parte de los ritos religiosos, los olmecas celebraban un juego sagrado de pelota. Los participantes usaban una pelota maciza de caucho y llevaban cascos protectores. Algunos jugadores eran sacrificados al terminar el juego.

Jugadores de pelota olmecas

Fechas clave

h.1200 a.C.	Construcción de San Lorenzo.
h.900 a.C.	Destrucción de San Lorenzo.
h.400 a.C.	Abandono de La Venta.

AMÉRICA

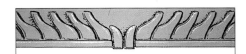

Las antiguas ciudades de América

Teotihuacán (en México) fue la ciudad antigua más grandiosa del continente americano. Su construcción comenzó en torno al año 100 a.C. y llegó a ser la sexta ciudad más importante del mundo en el año 500 d.C.

En el centro de Teotihuacán estaba la ciudadela con sus espléndidos palacios, residencia de los soberanos. La mayoría de la gente habitaba viviendas colectivas con espacio para varias familias.

El dios de la lluvia de Teotihuacán

Artesanía

Los artesanos de Teotihuacán hacían cerámicas y figuras de arcilla, objetos de adorno tallados en piedra pulimentada y en concha, además de herramientas y armas de obsidiana (una roca dura y afilada).

Figura de arcilla hallada en Teotihuacán

Comercio

Teotihuacán fue una importante ciudad comercial. En el mercado se intercambiaban cerámicas y herramientas de obsidiana por conchas, incienso aromático y hermosas plumas de cola de quetzal. Las plumas servían para adornar las ropas de la gente importante.

Quetzal

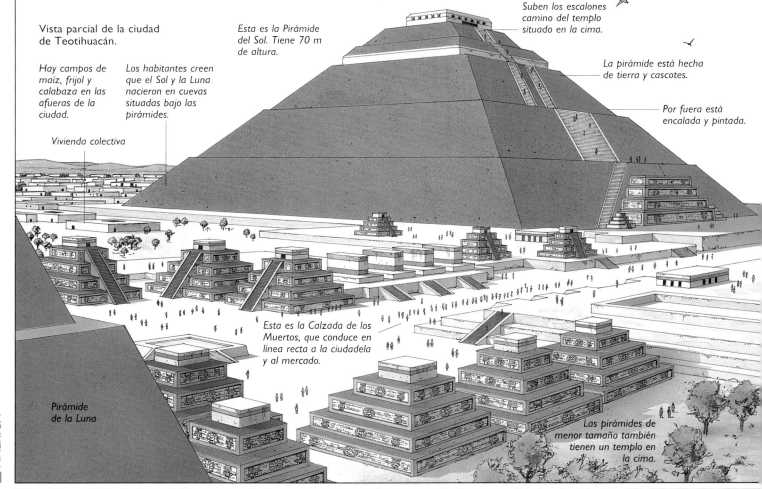

Gentes de toda la América Central acudían a rendir culto en los templos de Teotihuacán.

Suben los escalones camino del templo situado en la cima.

La pirámide está hecha de tierra y cascotes.

Por fuera está encalada y pintada.

Vista parcial de la ciudad de Teotihuacán.

Esta es la Pirámide del Sol. Tiene 70 m de altura.

Hay campos de maíz, frijol y calabaza en las afueras de la ciudad.

Los habitantes creen que el Sol y la Luna nacieron en cuevas situadas bajo las pirámides.

Vivienda colectiva

Esta es la Calzada de los Muertos, que conduce en línea recta a la ciudadela y al mercado.

Pirámide de la Luna

Las pirámides de menor tamaño también tienen un templo en la cima.

Relieve sobre un pilar
gigantesco de piedra

Ciudades en la selva

Las espectaculares ciudades de piedra
mayas se encontraban en el corazón de
la selva amazónica de América Central.
Crecieron en torno a una serie de plazas,
templos, palacios y canchas para un
juego de pelota de carácter religioso. Los
edificios estaban adornados con relieves
de dioses y reyes mayas.

Mapa de América Central

☐ Territorio maya

GOLFO DE
MÉXICO

• Teotihuacán

MÉXICO

• Palenque

OCÉANO PACÍFICO

Templo de las Inscripciones en la ciudad de Palenque

Palabras y números

Los mayas
escribían en
libros hechos
de papel de
corteza de
árbol. El
sistema de

Detalle de un libro maya

escritura que inventaron utiliza
signos dibujados (o glifos), que los
lingüistas van empezando a descifrar.

Cero   Uno   Cinco

Los mayas utilizaban tres símbolos
para escribir todos los números y
fueron los primeros en
usar el cero, siglos antes
que cualquier otra
civilización.

Doce

Sangre y sacrificios

Según las creencias de los mayas,
para complacer a los dioses era
necesario ofrecerles
sangre humana.
Una manera de
sangrarse consistía
en pasar un
cordel de
espinas por
un agujero
hecho en
la lengua.

Relieve de
una reina
ofreciendo
su sangre

Penacho de plumas

Piel de
jaguar

Guerrero
maya

Los reyes de las ciudades mayas
guerreaban entre sí con frecuencia
con el fin de aumentar su poder y
sus riquezas y para tomar prisioneros
que sacrificaban a los dioses.

Fechas clave

h.300 a.C.	Los mayas construyen ciudades de piedra.
h.100 a.C.-250 d.C.	Construcción de Teotihuacán.
h.250-900 d.C.	Esplendor de la civilización maya.
h.500 d.C.	Teotihuacán alcanza máximo poder y prosperidad.
h.750 d.C.	Teotihuacán es destruida por el fuego.

AMÉRICA

Las tribus celtas

Aunque el pueblo celta estaba formado por muchas tribus distintas, todas compartían una lengua y unas costumbres parecidas. Su cultura se desarrolló en Hallstat (actual Austria) hacia el 800 a.C.

Los celtas se extendieron por casi toda Europa y poblaron las tierras conquistadas. Una de las tribus llegó a asentarse en Asia Menor (actual Turquía).

Estatua celta de un jabalí, símbolo de la fuerza.

Patria de los celtas
Regiones pobladas por los celtas

IRLANDA
GRAN BRETAÑA
OCÉANO ATLÁNTICO
GALIA
Hallstatt
Roma
Delfos
MAR NEGRO
ASIA MENOR
MAR MEDITERRÁNEO

Mapa de la cultura celta

El hogar

Los celtas construían granjas y aldeas allí donde se establecían. Sus viviendas eran de piedra o de madera, con una estancia única donde la familia cocinaba, comía y dormía.

Una típica vivienda celta. El corte muestra el interior.

Gargantilla de oro denominada torce

Artesanía celta

Los celtas fueron hábiles trabajadores del metal. Además de hacer armas y herramientas de hierro muy resistentes, crearon bellos objetos de oro, plata y bronce.

Escudo de bronce hallado en el río Támesis de Londres.

Tejado de paja

El armazón es de postes de madera.

Con la lana tejen telas estampadas.

Esta mujer prepara un guiso de jabalí.

Colchón de paja

Caldero de hierro

La muchacha muele grano para fabricar harina.

Barril para recoger agua de lluvia

Este hombre corta leña para el fuego.

Calavera de un enemigo

Recipiente para guardar grano

Barril de cerveza

Las paredes son un entramado de ramas cubierto con barro y paja.

Cuelgan pieles de animales en la entrada para que no pase el frío.

Estos niños juegan a los dados.

Guerras tribales

Las guerras entre las diversas tribus celtas eran feroces y frecuentes. Para defender a sus familias y al ganado de ataques enemigos, los celtas construían fuertes en lo alto de las colinas.

El fuerte está rodeado por altos terraplenes escalonados, separados por fosos.

Viviendas

Los guerreros celtas lanzan un ataque sobre el enemigo.

Los nobles acuden a la batalla en carros de guerra, pero luego luchan a pie.

El sonido de las trompetas de guerra es aterrador.

Los guerreros se untan el pelo con cal para que quede de punta.

Escudo de madera recubierto con cuero

Algunos celtas luchan a caballo.

Las ruedas de los carros llevan bordes reforzados de hierro.

Se abalanzan sobre el enemigo dando alaridos.

Para tener una apariencia amenazadora, algunos guerreros se pintan dibujos azules en el cuerpo.

Fiestas

Los guerreros celebraban sus victorias con grandes fiestas amenizadas por los bardos, unos músicos-poetas que recitaban poemas sobre las hazañas de los héroes celtas.

Una fiesta celta

El bardo canta poemas.

Arpa

Este es el caudillo de la tribu.

Cántaro de vino

Cochinillo cocinado en el asador.

Religión

Un druida deposita una espada en un lago sagrado

Según las creencias celtas, los arroyos, rocas y árboles estaban habitados por divinidades. Los sacerdotes celtas, llamados druidas, depositaban sus ofrendas a los dioses en ríos y lagos. A veces hacían sacrificios humanos o de animales.

Dominación romana

Aunque los celtas se defendieron con ardor para no caer bajo el dominio del imperio romano, se encontraban en desigualdad de condiciones ante el ejército enemigo y fueron conquistados. El modo de vida celta sólo sobrevivió en Irlanda y en zonas aisladas de Escocia y Gales.

Fechas clave

h.800 a.C.	Aparece la civilización celta.
h.390 a.C.	Los celtas destruyen parte de Roma.
h.279 a.C.	Los celtas atacan y saquean el templo griego de Delfos.
h.278 a.C.	Los celtas llegan a Asia Menor.
58-51 a.C.	El general romano Julio César vence a los celtas en la Galia (actual Francia).
43 d.C.	Los romanos invaden Gran Bretaña.

EUROPA

| 2000 a.C. | | 1000 a.C. | 500 a.C. | 1 d.C. | 500 d.C. |

El esplendor de Roma

Roma tuvo su origen en una aldea de campesinos a orillas del río Tíber. A lo largo de los años fueron surgiendo otros pueblos y todos unidos llegaron a formar una ciudad.

Una de las primeras aldeas del valle del Tíber

Mapa de la República romana

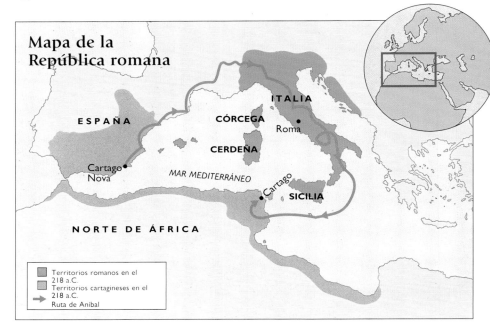

ITALIA
ESPAÑA
CÓRCEGA
Roma
CERDEÑA
Cartago Nova
MAR MEDITERRÁNEO
Cartago
SICILIA
NORTE DE ÁFRICA

Territorios romanos en el 218 a.C.
Territorios cartagineses en el 218 a.C.
Ruta de Aníbal

La historia de Rómulo

Cuenta la leyenda que Rómulo fue el fundador de Roma. Rómulo y su hermano gemelo Remo habían sido abandonados cerca del Tíber al nacer para que murieran, pero fueron amamantados por una loba y rescatados por un pastor.

Escultura de la loba amamantando a Rómulo y Remo.

Cuando crecieron, decidieron construir una ciudad a orillas del Tíber pero a causa de una disputa, Remo fue asesinado por su propio hermano. Según la tradición Rómulo fundó Roma y los hechos ocurrieron en el 753 a.C.

La República romana

Roma fue gobernada por reyes hasta el 509 a.C. y pasó a ser una república tras expulsar al último rey. La República romana estuvo gobernada por el senado, formado por representantes de las familias más importantes de la ciudad, llamados senadores. Bajo la dirección del senado Roma emprendió la conquista de Italia.

Moneda romana con el edificio del senado

Reunión del senado de la antigua Roma. El corte sólo deja ver parte de las gradas.

Los senadores visten togas con una orla púrpura.

Todos los años el pueblo elige senadores encargados de asuntos especiales.

Este senador es muy popular. Organiza las carreras de carros y otros espectáculos.

Este senador es un juez. Su discurso propone una nueva ley.

Guardia

Estos dos hombres son los cónsules y están a cargo del senado durante un año.

Conquista de Cartago

En el 264 a.C. dan comienzo una serie de guerras entre los romanos y los cartagineses del norte de África. Ambos bandos se disputaban fieramente el control del comercio por el mar Mediterráneo.

El ejército cartaginés invadió Italia en el 218 a.C. Aquí aparece cruzando los Alpes.

El general cartaginés Aníbal al mando de sus tropas

Sólo sobrevivieron dos de los 40 elefantes de guerrra que emprendieron el viaje.

En las montañas perecieron 10.000 soldados.

Las guerras entre Roma y Cartago llevan el nombre de guerras púnicas. Terminaron en el 146 a.C. con la destrucción total de Cartago. Los romanos se apropiaron de los territorios cartagineses y continuaron con la conquista de todos los reinos mediterráneos.

Cartago en llamas

Julio César

El senado no llegó a un acuerdo sobre el gobierno de los territorios conquistados por Roma y grupos rivales de senadores utilizaron al ejército para luchar por el poder. En el año 49 a.C. el general Julio César entró en Roma al frente de sus tropas e impuso su autoridad. Con César se restableció la paz pero unos senadores, temerosos de que llegara a proclamarse rey, lo asesinaron a puñaladas.

Julio César

El primer emperador

A la muerte de César se reanudaron las luchas por el poder. En el 31 a.C. su sucesor, Octavio, tomó control de Roma tras derrotar a Marco Antonio y a otros rivales. Octavio adoptó el nombre de Augusto, que significa "respetado", y fue el primer emperador romano.

Estatua del emperador Augusto

Estatua de Augusto ataviado con el uniforme de general romano

EUROPA

El ejército romano

En tiempos del emperador Augusto, Roma dominaba casi todo el Mediterráneo y durante ciento cincuenta años más siguió conquistando territorios hasta crear un vasto imperio que se extendía desde Gran Bretaña hasta el Próximo Oriente. El imperio alcanzó máxima expansión en tiempos del emperador Trajano (117 d.C.).

El emperador Augusto

El emperador Trajano

Los romanos lograban sus conquistas gracias a un ejército muy bien organizado, cuyos soldados luchaban en grupos disciplinados. Una compañía de 100 soldados se llamaba centuria; las centurias se agrupaban en cohortes y diez cohortes formaban una legión.

Un legionario romano
(soldado de a pie)

Yelmo de hierro

Javalina

Coraza de tiras de metal

Espada

Escudo de madera y cuero

Sandalias de cuero con tacos en las suelas

Túnica

En la época de la República cualquier hombre que fuera propietario de tierras podía ser llamado a filas. En tiempos del Imperio la gran mayoría de los soldados estaban bien adiestrados y habían hecho del ejército su profesión.

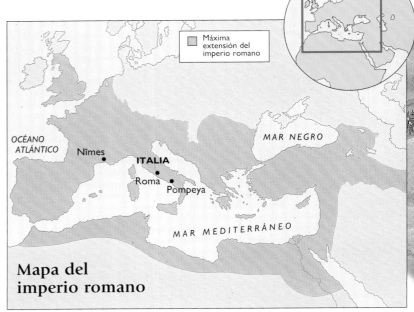

Máxima extensión del imperio romano

OCÉANO ATLÁNTICO

Nîmes

ITALIA

Roma

Pompeya

MAR NEGRO

MAR MEDITERRÁNEO

Mapa del imperio romano

Estrategias de asedio

El ejército romano no se daba por vencido fácilmente y logró conquistar incluso las ciudades mejor defendidas. Los soldados ponían cerco a la ciudad para que nadie se escapara y usaban técnicas de asalto muy ingeniosas.

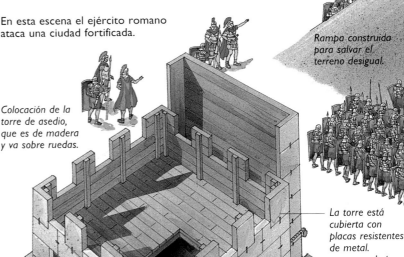

Las unidades tortuga son los grupos que avanzan protegidos por los escudos.

En esta escena el ejército romano ataca una ciudad fortificada.

Rampa construida para salvar el terreno desigual.

Colocación de la torre de asedio, que es de madera y va sobre ruedas.

La torre está cubierta con placas resistentes de metal.

EUROPA

10000 a.C.　　5000 a.C.

Los soldados suben por el interior de la torre.

Colocan un puente levadizo y lo atraviesan corriendo para entrar en la ciudad.

Los sobrevivientes que queden dentro de la ciudad serán capturados y vendidos como esclavos.

Las saetas encendidas prenden fuego a las casas.

Los sitiados arrojan flechas desde la muralla.

Los soldados excavan bajo la muralla para que se desmorone.

Utilizan arietes para abrir brechas en la muralla.

Los operarios maniobran el ariete desde el interior.

Catapultas enormes para arrojar piedras a la muralla

Catapultas más pequeñas para disparar saetas de metal

Estos hombres son expertos arqueros del Próximo Oriente.

Se aproximan a la muralla sin peligro por un pasaje cubierto.

Campamentos y fuertes

Al final de un largo día de marcha, los soldados tenían que montar un campamento para pasar la noche y al día siguiente recogerlo para seguir. En las fronteras del imperio, donde la presencia de los soldados era siempre necesaria, se construyeron fuertes de piedra permanentes.

Soldados levantando un campamento provisional.

Tiendas de cuero

Empalizada

Terraplén (defensa de tierra)

Zanja

En marcha

Para controlar el imperio se creó una red de carreteras, llamadas calzadas, que unían todas las poblaciones y permitían al ejército llegar con rapidez donde hiciera falta.
Los soldados hacían marchas de más de 50 km diarios.

Soldados en marcha

2000 a.C.   1000 a.C.   500 a.C.   I d.C.   500 d.C.

La vida en una ciudad romana

Los romanos introdujeron su modo de vida en los territorios conquistados. Cada provincia del imperio tenía un gobernador, encargado de que el pueblo pagara los impuestos, obedeciera las leyes romanas y respetara a los dioses.

Estatua de Júpiter, rey de los dioses

Cuando se jubilaban, los soldados romanos se iban a vivir al campo. Así se crearon los primeros asentamientos en las tierras conquistadas, cerca de los fuertes y campamentos, que más tarde pasaron a ser ciudades del imperio.

Las ciudades romanas estaban muy bien planificadas. Además de edificios públicos, como los templos y los baños, había casas individuales y de varios pisos, tiendas y restaurantes.

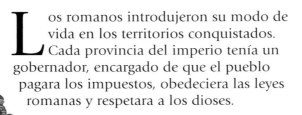

Templo

Baños públicos, donde la gente va a bañarse, a nadar y a pasar el rato.

Los incendios son frecuentes porque los pisos altos son de madera.

Los bomberos apagan el fuego con cubos de agua.

Reconstrucción de una ciudad romana. Faltan algunas paredes para que se vea el interior de las casas.

La mayoría de los romanos viven en casas de varios pisos, llamadas insulae.

Tejas de arcilla

Las familias más pobres viven en habitaciones pequeñas de los pisos altos.

Aseos conectados al alcantarillado subterráneo

Pintadas

Escuela

CPOUPHI
U.VINO
ZIUIPIA
L.C.S IAR

Los que no son tan pobres viven en habitaciones más grandes.

Hay tiendas que dan a la calle.

La gente recoge agua a la fuente.

Panadería

Carnicería

Hilera de piedras para cruzar la calle

Lujos y comodidades

En contraste con la gran mayoría de la gente que vivía en las insulae, los ricos habitaban en mansiones con jardín lujosamente decoradas. Algunas tenían agua corriente e incluso calefacción debajo del suelo.

Recibidor (atrium) de una casa romana

Suelo de mosaico, hecho con trocitos de piedra.

El agua de lluvia se recoge en una pila

Magnífico acueducto de 49 m de altura cerca de la ciudad francesa de Nîmes

Agua para todos

En las ciudades romanas se necesitaba gran cantidad de agua para los baños públicos, las fuentes y los aseos. Se distribuía mediante un sistema de tuberías y canales (llamados acueductos) y los ingenieros construyeron túneles y puentes para trasportar el agua por valles y montañas.

La ciudad sepultada

Pompeya fue una ciudad grande y próspera del sur de Italia. En agosto del 79 d.C. la erupción del cercano volcán Vesubio la sepultó bajo nubes de ceniza y ríos de ardiente lava (roca líquida). Las excavaciones que han realizado los arqueólogos a través de la lava pintan un cuadro fascinante de la vida cotidiana en tiempos romanos.

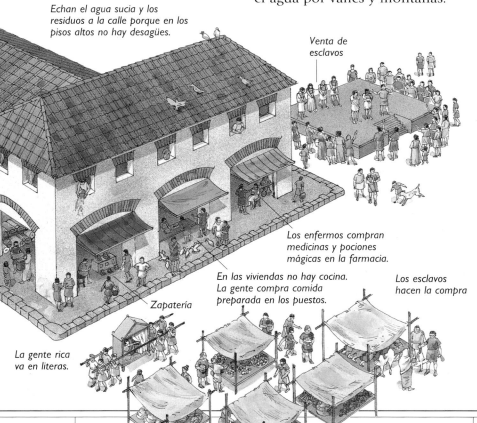

Echan el agua sucia y los residuos a la calle porque en los pisos altos no hay desagües.

Venta de esclavos

Los enfermos compran medicinas y pociones mágicas en la farmacia.

En las viviendas no hay cocina. La gente compra comida preparada en los puestos.

Los esclavos hacen la compra

Zapatería

La gente rica va en literas.

Pintura mural hallada en Pompeya

EUROPA

2000 a.C.　　　　　　　　　　500 a.C.　　　I d.C.　　　500 d.C.

Juegos y espectáculos

Los romanos acomodados disponían de mucho tiempo libre porque tenían esclavos a su servicio. Había tantos esclavos en Roma que muchos ciudadanos pobres no conseguían encontrar empleo. Para tener contento al pueblo el emperador ordenó repartir comida gratuíta y organizar unos espectáculos, llamados "juegos"

Un esclavo romano de corta edad

Lucha de gladiadores

Muchos gladiadores eran esclavos o criminales obligados a luchar para entretener a la muchedumbre. Al final del combate eran los espectadores quienes decidían si el perdedor debía morir. Miles de gladiadores murieron en estos espectáculos tan brutales.

Los combates se celebraban en unos lugares llamados anfiteatros. El más grande fue el Coliseo de Roma, con capacidad para 50.000 espectadores. Para los combates navales, en los que también participaban los gladiadores, la pista se llenaba de agua.

Combate naval en el Coliseo.

Los postes sirven para sujetar un gran toldo y proteger al público del sol.

Tridente

El gladiador trata de enredar a su adversario en la red.

Dos tipos de gladiadores

Este gladiador lucha con red y tridente.

Este gladiador va mejor armado.

Gradas altas ocupadas por la gente pobre

Las mujeres presencian el espectáculo desde la parte de atrás del muro.

Los esclavos y los extranjeros están de pie, arriba del todo.

El suelo de la pista está impermeabilizado con madera y hule.

Los romanos ricos se sientan en las primeras gradas.

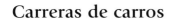

Carreras de carros

Un auriga y sus caballos en plena carrera

El auriga lleva las riendas arrolladas al cuerpo.

Los carros son muy ligeros para conseguir mayor velocidad.

El juego más popular era las carreras de carros, celebradas en una pista llamada circo. Se trataba de un espectáculo emocionante pero muy peligroso, pues era fácil que los aurigas salieran despedidos y murieran aplastados por otros carros.

Hay cuatro equipos. Los aurigas visten de rojo, azul, verde o blanco según el equipo al que pertenezcan.

Diversiones

Además de ir a los espectáculos, los romanos paseaban por los parques y jardines públicos. Eran aficionados a los juegos de mesa y a los juegos de azar.

Juego de mesa

Monedas y dados para los juegos de azar

Los niños tenían balancines, columpios, cometas, aros, canicas y muñecas para jugar. También montaban carritos de juguete tirados por gansos.

Muñecas de madera

Niño en un carro de juguete, representado en un mosaico.

El teatro

Las primeras obras de teatro romanas imitaban a las griegas y trataban temas serios. Durante el Imperio, el público se aficionó a las comedias y el teatro se fue haciendo cada vez más espectacular, con música, danza y efectos especiales. Algunos actores llegaron a ser muy famosos y contaron con multitud de seguidores.

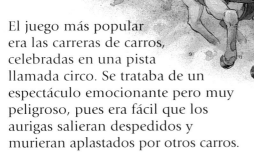

Paredes fuertes, hechas de hormigón (un invento romano).

Los arcos soportan el peso de las gradas.

Fachada decorada con pilares y estatuas de mármol.

Hay 80 entradas para que los espectadores entren y salgan con rapidez.

Actores romanos durante una representación

Fechas clave

753 a.C.   Fundación de Roma según la leyenda.

h.509 a.C.   Roma se convierte en república.

246 a.C.   Comienzan las guerras púnicas.

146 a.C.   Los romanos destruyen Cartago.

49 a.C.   Julio César se hace con el control de Roma.

27 a.C.   Augusto es el primer Emperador Romano.

72-80 d.C.   Construcción del Coliseo

117 d.C.   Máxima extensión del imperio romano.

EUROPA

2000 a.C.   1000 a.C.   500 a.C.   1 d.C.   500 d.C.

La difusión del cristianismo

El fundador del critianismo fue Jesús, un hombre judío llamado más tarde Jesucristo. El Nuevo Testamento de la Biblia contiene sus enseñanzas y la historia de su vida.

Representación de Jesús, el buen pastor

La vida de Jesús

Jesús nació en Judea, una pequeña provincia del imperio romano. A la edad de treinta años eligió doce hombres como discípulos (seguidores) y comenzó a predicar. Pronto corrió la noticia de que hacía milagros y mucha gente acudió a escucharlo.

Representación en mosaico de Jesús resucitando a un muerto

Las enseñanzas de Jesús

Jesús enseñó que era más importante amar a Dios y servir al prójimo que obedecer las leyes judías. Pidió a las gentes que dejaran de hacer mal y cambiaran su vida para poder participar en el reino de Dios.

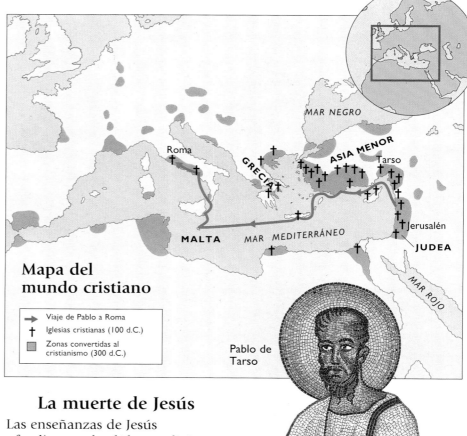

Mapa del mundo cristiano

➡ Viaje de Pablo a Roma
✝ Iglesias cristianas (100 d.C.)
▨ Zonas convertidas al cristianismo (300 d.C.)

Pablo de Tarso

La muerte de Jesús

Las enseñanzas de Jesús ofendieron a los líderes religiosos judíos y los romanos temieron que sus ideas causaran una rebelión en Judea. Jesús fue arrestado en Jerusalén y murió crucificado.

Jesús en la Cruz, obra tallada en marfil.

Difusión de las enseñanzas

Tras la muerte de Jesús, los discípulos difundieron sus enseñanzas y dijeron que había resucitado de entre los muertos. Pablo de Tarso llevó el cristianismo a Asia Menor (Turquía actual), a Grecia e incluso a Roma.

El barco en que viajaba Pablo a Roma naufragó cerca de las costas de Malta.

Tiempos difíciles

El cristianismo se difundió con rapidez por el imperio romano. Para algunos emperadores, los cristianos eran unos rebeldes que se negaban a adorar los dioses romanos. Miles fueron detenidos y torturados hasta morir.

Muchos cristianos fueron arrojados a los leones para divertir al público.

Los cristianos se reunían en secreto para evitar que los detuvieran. En Roma se reunían en las catacumbas, una serie de túneles subterráneos donde eran enterrados los muertos.

Símbolos secretos

Los cristianos usaban signos secretos para indicar a otros cristianos que compartían la misma fe. Uno de ellos fue el monograma Ji-Rho ✳.

Retrato de una familia cristiana con el monograma Ji-Rho.

El monograma está formado por las dos primeras letras de la palabra "Cristo" en griego. Fue tallado en las paredes de las catacumbas y también en tumbas, estatuas y puertas.

Los emperadores cristianos

Constantino fue el primer emperador romano que aceptó la fe cristiana. Vio aparecer una cruz de luz en el cielo y ordenó a sus soldados que lucharan con el monograma de Cristo en los escudos. Constantino ganó la batalla y se convirtió al cristianismo.

Constantino al frente de sus tropas

Constantino dió libertad a los cristianos para que practicaran abiertamente su religión y ayudó a difundirla por Europa. Mandó construir las primeras grandes iglesias y concedió privilegios especiales a los cristianos. Finalmente, en el 391 d.C., el emperador Teodosio proclamó el cristianismo como religión oficial del imperio.

Fechas clave

h.5 a.C.	Nacimiento de Jesucristo.
h.29 d.C.	Jesucristo es crucificado.
45-58 d.C.	Pablo viaja por Asia Menor y Grecia.
58-60 d.C.	Pablo viaja a Roma.
312 d.C.	El emperador Constantino legaliza el cristianismo.
391 d.C.	El cristianismo se convierte en la religión oficial del imperio romano.

Un grupo de cristianos en las catacumbas.

Las cenizas de los muertos se guardan en urnas de arcilla.

Hay 900 km de catacumbas.

Hay escenas de la Biblia pintadas en las paredes.

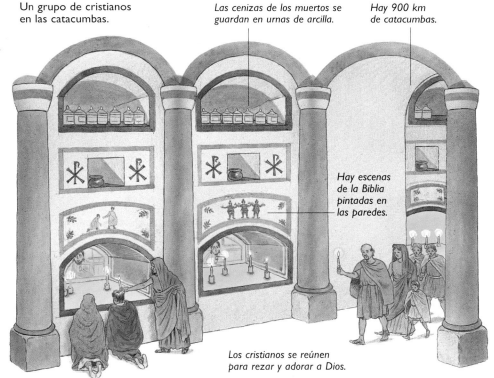

Los cristianos se reúnen para rezar y adorar a Dios.

La caída del imperio romano

OCÉANO ATLÁNTICO

MAR NEGRO

Constantinopla

Roma

MAR MEDITERRÁNEO

El poder del imperio romano empezó a decaer hacia el 200 d.C. Los ejércitos comenzaron a elegir sus propios emperadores y hubo enfrentamientos entre distintos grupos de soldados. Fue entonces cuando las tribus del nordeste de Europa, los germanos, atacaron el imperio. Los romanos llamaron "bárbaros" a estos pueblos.

Gerrero germánico

Hacha arrojadiza (llamada francisca)

Mapa de las invasiones bárbaras

■ Imperio Romano de Occidente	→ Burgundios		
■ Imperio Romano de Oriente	→ Germanos		
→ Anglos, sajones y jutos	→ Lombardos		
→ Francos	→ Visigodos		
→ Vándalos	→ Ostrogodos		

La defensa del imperio

En el 284 d.C. fue elegido emperador el general Diocleciano, quien reorganizó y amplió el ejército para defenderse de los bárbaros. Diocleciano decidió que el imperio era demasiado extenso para ser administrado por un emperador y lo dividió en dos: Oriente, que gobernó él mismo, y Occidente, gobernado por el emperador Maximiano. Ambos contaban con la ayuda de diputados.

Estatua de Diocleciano y Maximiano con sus diputados.

El emperador Constantino

Tras el mandato de Diocleciano se reanudaron las luchas por el poder. En el 312 d.C. Constantino se proclamó emperador de Occidente y más tarde de Oriente, reunificando el imperio.

Constantino trasladó la capital del imperio a la ciudad de Bizancio, a orillas del Mar Negro. Después de reconstruirla y de embellecerla con tesoros traídos de todos los territorios romanos, la bautizó con su nombre: Constantinopla.

Constantino con una maqueta de Constantinopla representado en un mosaico

Los hunos

Lazo

Guerreros hunos

Alrededor del 370 d.C. los hunos de Asia central invadieron el este de Europa. Avanzaron por el continente europeo expulsando a las tribus germánicas de sus territorios y empujándolas hacia el imperio romano.

El precio de la paz

Los romanos permitieron que los visigodos y algunas tribus germánicas se establecieran en el imperio, a condición de que lucharan contra los otros bárbaros.

Colonos visigodos

Roma en ruinas

En el 395 d.C. el imperio romano quedó dividido para siempre en dos (Oriente y Occidente). A partir de entonces, nuevas oleadas de bárbaros barrieron el imperio de Occidente (ver mapa). Roma fue atacada por los visigodos en el 410 d.C. y por los vándalos en el 455 d.C.

Los vándalos destruyen Roma.

El fin del imperio

El caudillo visigodo Odoacro se proclamó rey de Italia en el 476 d.C. y puso fin al Imperio Romano de Occidente. El imperio de Oriente, con capital en Constantinopla, existió otros mil años.

Roban los tesoros.

Mueren muchos romanos.

Prenden fuego a los edificios.

Destrozan las estatuas.

Fechas clave

286 d.C. Diocleciano divide el imperio romano.

312 d.C. Constantino se proclama emperador de Occcidente.

324 d.C. Constantino reunifica el imperio romano.

h.370 d.C. Los hunos llegan a Europa.

395 d.C. El imperio romano queda dividido para siempre.

410 d.C. Los visigodos atacan Roma.

455 d.C. Los vándalos destruyen Roma.

476 d.C. Fin del Imperio Romano de Occidente.

EUROPA

500 a.C.   I d.C.   500 d.C.

Tabla cronológica mundial

Sucesos históricos ocurridos simultáneamente en diferentes lugares del mundo

FECHA	AMÉRICA	EUROPA	ÁFRICA	
ANTES DEL 10000 a.C.	h.13000 a.C. Llegada del hombre al continente americano.			
10000 a.C.	h.6000 a.C. La agricultura comienza en América Central.	h.6000 a.C. La agricultura comienza en Grecia y se extiende por Europa.	h.6000 a.C. Los habitantes del Sahara domestican ganado.	Pintura rupestre del Sahara
5000 a.C.	h.1200 a.C. Los olmecas construyen templos. Comienza la civilización chavín.	h.3000-1500 a.C. Construcción de Stonehenge en Inglaterra. h.1900-1450 a.C. Los minoicos construyen palacios en Creta. h.1600 a.C. Civilización micénica en Grecia. h.1450 a.C. Los micénicos invaden Creta. h.1100 a.C. Comienza la Época Oscura de Grecia.	h.5000 a.C. La agricultura comienza en el Valle del Nilo. h.3100 a.C. El rey Menes unifica el Alto y el Bajo Egipto. h.2686 a.C. Comienza el Imperio Antiguo de Egipto. h.2530 a.C. Los egipcios inician la construcción de la Gran Pirámide de Gizeh. h.2040 a.C. Comienza el Imperio Medio de Egipto. h.1720 a.C. Los hicsos invaden Egipto. Fin del Imperio Medio. h.1570 a.C. Comienza el Imperio Nuevo de Egipto. h.1450 a.C. Máxima expansión del imperio egipcio con Tutmosis III.	
1000 a.C.	h.1000 a.C. Los adena construyen montículos de tierra. Montículo de la Gran Serpiente.	h.800 a.C. La cultura celta se extiende por Europa occidental. h.776 a.C. Primeros Juegos Olímpicos. 753 a.C. Fundación de Roma según la leyenda. h.509 a.C. Roma se convierte en república.	h.814 a.C. Los fenicios fundan la ciudad de Cartago.	
500 a.C.	h.300 a.C. Las tribus hopewell remplazan a los adena. h.200 a.C. Los nazca dibujan siluetas en el desierto.	h.500-350 a.C. Grecia alcanza máximo esplendor. 431-404 a.C. Guerras del Peloponeso. 356 a.C. Nacimiento de Alejandro Magno 44 a.C. Asesinato de Julio César. 27 a.C. Augusto es proclamado primer emperador romano.	h.500 a.C. Cultura de los nok en África. Escultura nok 332 a.C. Alejandro Magno conquista Egipto. 146 a.C. Los romanos destruyen Cartago. 30 a.C. Los romanos conquistan Egipto.	
I d.C.	h.1-700 d.C. Los mochica son gobernados por sacerdotes-guerreros. h.250-900 d.C. Esplendor de los mayas h.500 d.C. Teotihuacán ocupa el sexto lugar entre las ciudades más grandes del mundo.	117 d.C. Máxima expansión del impero romano bajo el emperador Trajano. 395 d.C. División permanente del imperio romano. 476 d.C. Caída del Imperio Romano de Occidente.	h.100 d.C. Poderío del reino de Axum h.500 d.C. Los bantú llegan al sur de África.	

Jugadores de pelota olmecas

Mujer micénica

ASIA			OCEANÍA
PRÓXIMO ORIENTE	**ASIA MERIDIONAL**	**LEJANO ORIENTE**	

h.**40000** a.C. Llegada de los aborígenes a Australia.

h.**10000** a.C. La agricultura comienza en el Creciente Fértil.

h.**9000** a.C. Los Jomon de Japón practican la caza y la pesca.

Aborigen australiano

h.**3500** a.C. Invención de la rueda en Sumer

Rueda sumeria

h.**3500** a.C. Asentamientos campesinos en el valle del Indo.

h.**5000** a.C. La agricultura comienza en China.

h.**3300** a.C. Invención de la escritura en Sumer

h.**2700** a.C. Elaboración·de la seda.

h.**2350** a.C. Sargón de Acad crea el primer imperio del mundo.

h.**2500-1800** a.C. Esplendor de la civilización del valle del Indo.

h.**2000** a.C. Los hititas se asientan en Anatolia.

h.**1792-1750** a.C. Hammurabi reina en Babilonia.

1766-1027 a.C. La dinastía Chang reina en China.

h.**1400** a.C. Invención del primer alfabeto en Canaán

h.**1500** a.C. Los arios llegan al valle del Indo.

h.**1400** a.C. Escritura china en huesos oraculares.

h.**1500** a.C. Asentamientos humanos en las islas del Océano Pacífico.

h.**1250** a.C. Los hebreos llegan a Canaán.

h.**1200** a.C. Los fenicios se destacan como marinos y comerciantes.

h.**1000-663** a.C. Los asirios crean un poderoso imperio.

1027 a.C. La dinastía Zhou gobierna China.

h.**965-928** a.C. Salomón reina en Israel.

h.**560** a.C. Nacimiento de Siddharta Gautama (Buda).

605-562 a.C. Nabucodonosor II es rey del imperio babilónico.

Confucio

559-530 a.C. Ciro II crea el imperio persa.

551 a.C. Nacimiento de Confucio.

490-479 a.C. Guerras médicas entre los persas y los griegos.

h.**500** a.C. La agricultura comienza en Japón.

481-221 a.C. Época de los Reinos Combatientes en China.

331 a.C. Alejandro Magno derrota a los persas.

221 a.C. Qin Shi-Huang Ti es procalmado primer emperador de China.

Alejandro Magno

272-231 a.C. Asoka gobierna como emperador del imperio maurya.

202 a.C. Comienza la dinastía Han.

64 a.C. Los romanos conquistan parte del Próximo Oriente.

h.**29** d.C. Jesucristo es crucificado

h.**100** d.C. Invención del papel en China.

Guerrero Yamato

Jesús en la cruz

320-535 d.C. Imperio gupta de la India.

h.**300** d.C. La tribu Yamato gobierna Japón.

Glosario

El glosario es una lista de las palabras más difíciles que aparecen en el libro con su explicación.

ciudad-estado Una ciudad y tierras que la rodean, con un jefe o caudillo propio.

civilización Gentes con un modo de vida avanzado, que habitan en ciudades, tienen un sistema de leyes y utilizan la escritura.

colonia Lugar en un país extranjero donde se asientan gentes que han dejado su patria.

cultura Conjunto de modos de vida, costumbres y conocimientos de las gentes de un lugar.

democracia Sistema de gobierno en el que participan los ciudadanos.

dinastía Serie de gobernantes pertenecientes a la misma familia.

Tabla de arcilla con escritura cuneiforme

escriba En la antigüedad, persona que tenía por oficio leer y escribir para otras personas.

escritura cuneiforme Escritura antigua hecha con símbolos en forma de cuña.

estado Territorio que tiene gobernantes propios.

faraón Rey egipcio.

fresco Pintura hecha en la pared sobre una capa húmeda de estuco (agua y yeso).

Fresco del palacio de Cnosos en Creta.

gobierno Grupo de personas que dirigen un país.

guerra civil Lucha entre grupos de gentes diferentes dentro del mismo país.

imperio Gran número de territorios gobernados por una persona muy poderosa o por un gobierno.

Imperio Antiguo El primer periodo de la historia de Egipto (h.2686 a.C.-h.2180 a.C.).

Cuenco chino lacado

Imperio Medio El segundo periodo de la historia de Egipto (h.2040 a.C.-h.1720 a.C.).

Imperio Nuevo El tercer periodo de la historia de Egipto (h.1570 a.C.-h.1070 a.C.).

Mosaico romano de un actor vestido para interpretar un papel.

incienso Sustancia de olor agradable que se quemaba en los templos antiguos o en presencia de reyes.

jeroglíficos Escritura que usa dibujos de objetos.

laca Sustancia que se aplica sobre la madera para dar brillo y hacerla impermeable.

mosaico Dibujo hecho con trocitos de piedra o vidrio de colores.

Estatua del faraón Tutmosis III

nómadas Gentes que van de un lugar a otro y no viven en ningún sitio permanentemente.

provincia Un territorio que pertenece a un imperio. Por ejemplo, la provincia de Britania en tiempos del imperio romano.

república País sin un rey o reina, cuyos líderes gobiernan en nombre del pueblo.

santuario Lugar o edificio sagrado, donde se adora a un dios o donde se guarda algo sagrado.

zigurat Torre escalonada con un templo en la parte más alta.

El zigurat de la ciudad de Babilonia.

Índice

Los números en **negrita** indican las páginas en que se trata con más detalle el tema correspondiente.

Procedencia de las fotografías: AKG London-Jean Louis Nou, 67; e.t.archive, 21; Robert Harding Picture Library/Robert Frerck, 77/James Green, 55/J.E. Stevenson, 85; N.J. Saunders, 75; Nicholas Shea, 18; The Stock Market, 32; Tony Stone Images/Julian Calder, 63.